体育俱乐部系列丛书

跆 拳 道

主　编　黄生勇　郭鹏举

副主编　吕　晶

西安电子科技大学出版社

内容简介

本书从实际训练和比赛出发,对日常教学的实践经验进行了提炼,内容简单易懂,实用性强,是针对我国在校大学生及初学者而设计的。书中详细介绍了如何从零基础开始练习跆拳道。限于读者的水平层次,在编写中尽量多地介绍跆拳道初级入门的内容,包括跆拳道概述、跆拳道基本步法和步行、跆拳道初级腿法、跆拳道品势,以及基础的跆拳道比赛规则和方法。

本书既可作为普通高等学校跆拳道选修课的教材,也可作为跆拳道自学者的参考书。

图书在版编目(CIP)数据

跆拳道/黄生勇,郭鹏举主编. —西安:西安电子科技大学出版社,2015.8(2022.8重印)
ISBN 978 - 7 - 5606 - 3812 - 6

Ⅰ. ① 跆… Ⅱ. ① 黄… ② 郭… Ⅲ. ① 跆拳道—基本知识 Ⅳ. ① G886.9

中国版本图书馆 CIP 数据核字(2015)第 203038 号

策 划 毛红兵
责任编辑 毛红兵
出版发行 西安电子科技大学出版社(西安市太白南路 2 号)
电 话 (029)88202421 88201467 邮 编 710071
网 址 www.xduph.com 电子邮箱 xdupfxb001@163.com
经 销 新华书店
印刷单位 陕西日报社
版 次 2015 年 7 月第 1 版 2022 年 8 月第 4 次印刷
开 本 787 毫米×1092 毫米 1/16 印张 10
字 数 231 千字
印 数 5001～7000 册
定 价 28.00 元
ISBN 978 - 7 - 5606 - 3812 - 6/G

XDUP 4104001 - 4

体育俱乐部系列丛书

编 委 会

—前　言—

　　认真贯彻落实党的教育方针、全面推进素质教育、提高人才素质、培养全面发展的人才是学校教育所面临的主要任务，也是学校体育教育肩负的光荣使命。学校的体育教育不仅要增强学生的体质，增进学生的身心健康，而且要从全面育人的目标出发，全面提高学生的综合素质，培养学生的创新精神和实践能力。跆拳道作为新兴的学校体育项目，具有多方位、多层次的教育功能，对学生的道德素质、文化素质、智力发展、身心素质、美育素质、爱国主义精神、意志品质等方面都具有促进作用，对深化教育改革、推动学校体育全面发展也具有十分重要的意义。

　　本书从实际出发，对跆拳道日常教学训练的实际经验进行了提炼，是针对我国在校大学生及初学者而设计的，其内容简单易懂，实用性强。书中详细介绍了从零开始练习跆拳道的方法，并结合大学跆拳道选修课的内容，使学生课内外相结合，从而达到更好的练习目的及效果。

　　跆拳道是一项源于朝鲜民族的传统武艺，是以拳和脚为主要进攻武器的格斗对抗项目。现代跆拳道源于韩国，是以技击格斗为核心，以修身养性为基础，以磨炼意志、振奋精神为目的的一项大众竞技类体育运动，它的技术简单、易学、实用，融搏击、规范、教育于一体。跆拳道的内容包括竞技实战、品势套路、功力击破、防身术等，是以腿法为主要进攻武器的运动（其腿法占 70%，甚至更多）。跆拳道虽然是以格斗形式进行的，但是在练习过程中始终贯穿着"以礼始，以礼终"的尚武精神。跆拳道的本意由三方面组成：跆表示以脚踢；拳表示以拳头击打；道是一种精巧的艺术方法，同时也是对练习者在道德修养方面的要求。跆拳道练习者身穿白色道服，腰系不同颜色的腰带。腰带象征着练习者的级别、水平及练习时间，据腰带颜色将跆拳道级别划分为十级九段。初学者统一系白色腰带，代表着纯洁，没有任何跆拳道知识和基础，一切从零开始。跆拳道精神总结起来是十二个字，即"礼义、廉耻、忍耐、克己、百折、不屈"。

　　黄生勇、郭鹏举担任本书主编，吕晶担任副主编。

　　限于编者水平，本书难免有不妥之处，恳请广大读者批评指正。

编　者

2015 年 6 月

目　　录

第一章　跆拳道概述

　　跆拳道(TAEKWONDO)是一项起源于朝鲜半岛的古老而又新颖的竞技体育运动，是朝鲜民族在生产和生活的基础上发展起来的一项运用手脚技术和身体能力进行自身修炼和搏击格斗的传统体育项目。说它古老，是因为它在有记载的朝鲜民族史上已有三千多年历史；说它新颖，是因为跆拳道自20世纪50年代中期在朝鲜半岛重新崛起到现在，60余年来努力向世界传播，并已经成为一项风靡全球的竞技体育项目。跆拳道的内容十分丰富，其主要内容包括品势修炼(动作组合)、搏击格斗和功力检验三大部分。跆(TAE)是指以脚踢，意为像台风一样猛烈地、强劲地跳踢的"脚"；拳(KWON)是拳头之意，是用来防护和进攻的武器；道(DO)是指君子之道，武道的修养之道，是指人生的正确道路，在这里寓意使用手脚的方法和原理。

　　跆拳道运动要求练习者不仅要学习跆拳道的技术，更要注重跆拳道的礼仪、道德修养的学习和遵从。每一次练习都要求"以礼始，以礼终"，以培养人的礼仪、忍耐、谦虚和坚韧不拔的精神。这对青少年尤其具有特殊的教育意义。说跆拳道是一种拳脚并用的艺术方法，是因为它以脚为主(占70%，甚至更多)，所以称为"脚的艺术"。其特点是迅速有力、准确灵活。跆拳道共有25种套路，另外还有兵器、擒拿、摔锁、对拆、自卫术等十余种基本功夫。练习者身穿专用的白色跆拳道道服，腰系代表不同级别和段位的腰带进行比赛或训练。跆拳道的水平高低是由练习者的级别和段位体现的，水平越高，其段位也就越高。跆拳道的段位分为初级的十级至一级和高级的一段至九段。跆拳道的比赛分男女两个组别，并按重量分级进行。由于跆拳道以腿为主要进攻手段，因而比赛时气氛紧张激烈，双方斗智斗勇，拳来脚往，高难度动作精彩纷呈，它充分展示了人体的激烈对抗，具有极高的观赏价值。观看跆拳道比赛，可以激发人的斗志，鼓舞人奋发向上的精神，陶冶人的道德情操，同时可以使人享受到打击艺术的美妙感觉。

　　人们只有具备健康的身体，并从事有意义且自己感兴趣的活动时，其工作、学习效率才有可能提高，意志也才能变得坚强，相反，对于一个体格孱弱的人来讲，就很难达到工作和学习的高效性。进行跆拳道锻炼，既能通过全身运动影响全身的各个器官，又能提高人的精力，刺激大脑，增强体力和振奋精神，从而使精力充沛。只有这样，展示在我们面前的才不单单是一个四肢发达、体格健壮的人，而且还是一个充满朝气、富有创造精神的人。

第一节　跆拳道运动的起源和历史

　　跆拳道的产生缘于人类远古祖先生存的需要，并且与古代的军事活动有着紧密的联系。在原始社会，人类生存环境极差，为了生存，人类必须用强健的体魄和顽强的斗志来和猛兽以及自然环境进行斗争，同时也要与前来进犯的其他原始部落进行战争。在人与兽、人与人的搏斗中，通过不断演化，不断积累和提炼，逐渐形成了比较规范的搏斗技术，为跆拳道的形成与发展奠定了基础。

一、古代跆拳道的形式

跆拳道古称跆跟、花郎道，是起源于古代朝鲜的民间武艺。朝鲜半岛的三国时代是新罗、高句丽、百济三国并存的时期。新罗在朝鲜半岛的东南部，高句丽在朝鲜半岛的北部，百济在朝鲜半岛的西南部。为了争夺领土，三国之间纷争四起，战祸不断，三国均重视技击术的训练。所以这一时期出现了"跆跟"、"手搏"等格斗技艺，这些格斗技术就是今天跆拳道的雏形。公元 688 年，新罗王国统一了朝鲜，其经济繁荣，百业兴旺，并建立了一种"花郎制度"，到真兴王时，便建立了"花郎道"。花郎道是花郎制度的组织形式，即将年轻人组织到一起进行武艺锻炼。其宗旨是"事君以忠，事亲以孝，事友以信，临阵无退，杀身有择"。它以此磨炼人的意志、锻炼人的体魄，培养并造就了一批又一批忠君事孝、英勇顽强、无所畏惧的战士。在一本描写新罗风俗习惯的书《帝王韵记》中就记载着跆拳道活动。

公元 935 年，勇敢善战的高句丽军队推翻了新罗王朝，建立了高句丽王朝。士兵们的战斗力来自平日的训练和对跆拳道的喜爱。他们常常用拳、掌击打墙壁或木块，以磨炼手部的攻击能力。十分喜爱徒手搏斗的忠惠王曾专门邀请膂力过人、武功超众的士兵金振都(亦称金扼郁)到宫廷表演手搏技艺，使跆拳道声望大震，并被大众所接受。1392 年，高句丽王朝被李朝取代，跆拳道没有得到足够的重视，但在民间，这一活动始终没有停止。1790 年汇编成书的《武艺图谱通志》中收录了"手搏"、"跆跟"等武艺的技术与方法，以及动作图解和一些器械的使用方法，并将很多技击性很强的武艺融合到跆拳道的技法之中。

二、近代跆拳道的发展

1910 年日本侵占朝鲜后，建立起殖民政府，并一度下令禁止所有的文化活动，跆拳道自然在劫难逃。一些不甘寂寞或被生活所迫的人远离国土，到中国或日本谋生，同时把跆拳道延续了下来。更为重要的是其与中国武术和日本武道的交融与结合孕育了新的技术体系。第二次世界大战后，自卫术再度兴起，从异国他乡回归故土的朝鲜人也将各国的武艺带回本国，逐渐与跆拳道融为一体，形成了现在的跆拳道体系。

三、现代跆拳道的发展

1955 年朝鲜的自卫术正式称为"跆拳道"。1961 年 9 月韩国成立了唐手道协会，后更名为跆拳道协会，并成为全国运动会正式竞赛项目。1966 年第一个国际组织——国际跆拳道联盟成立。1973 年 5 月在汉城成立了世界跆拳道联合会。1975 年"世界跆拳道联合会"(简称世界跆联)被国际体育联合会接纳为正式会员。1980 年国际奥委会正式承认世界跆联。迄今为止，世界跆联已有 144 个会员国，6500 多万爱好者参加练习。1988 年，跆拳道在韩国汉城奥运会首次亮相，之后为了适应国际重大比赛，跆拳道的技术不断地变革和发展。世界跆拳道联盟的总部中有一个特别技术委员会，其主要任务就是改进现今的跆拳道技术。当然，今日的跆拳道动作似乎不像以前那样圆滑流畅，也不似以前那样重视运动中身体的平衡。然而对跆拳道技术的检验并不在它的外观，而是在于实战之中。具体地说，就是在实战对抗中或在大街上遭遇袭击被迫自卫的情形下，新型跆拳道的技术无疑要比拘于形式的老技术更胜一筹。

目前，世界拥有两大跆拳道组织，一个是世界跆拳道联盟（WTF），另一个是国际跆拳道联盟（ITF）。这两大组织对跆拳道在世界各国的推广、普及并使之国际化做出了重大的贡献。时代是不断变化的，随着它的变化，跆拳道也将不断地发展并延伸下去。

第二节　我国跆拳道运动发展概况

20 世纪 80 年代末，中韩文化体育交流友好人士将跆拳道带入中国，我国部分省、市和体育院校相继尝试开展跆拳道运动。1992 年 10 月 7 日，中国跆拳道协会筹备小组成立，这标志着我国跆拳道运动的正式开始。1994 年 5 月，在河北正定举行了首届全国跆拳道教练员和裁判员学习班。1994 年 9 月，在云南昆明举行了第一届全国跆拳道比赛，当时有 15个单位、150 多名练习者参加了比赛。1995 年 5 月，共有 22 个单位 250 名练习者参加了在北京体育大学举行的第一届全国跆拳道锦标赛，从此跆拳道在中国迅速发展起来。1995年 8 月，正式成立了中国跆拳道协会，魏纪中当选为第一任协会主席。1995 年 11 月，中国跆拳道协会被世界跆拳道联盟接纳为正式会员。

尽管我国开展跆拳道运动起步较晚，底子比较薄弱，但是广大教练员、运动员以及科研人员兢兢业业的不断努力使我国跆拳道竞技水平有了很大的提高。1997 年 11 月，在中国香港举办的世界跆拳道锦标赛上选手，我国选手黄鹂获得女子 43 公斤级的亚军。1998年 5 月 17 日，在越南举办的第 13 届亚洲跆拳道锦标赛上，我国北京体育大学 97 级学生贺璐敏为中国赢得了第一枚亚洲比赛金牌，实现了我国在国际比赛中零金牌的突破，此次比赛共有来自亚洲 22 个国家和地区的约 240 名选手参加，其中有世界一流强队韩国、中国台北、伊朗等。中国跆拳道队获得了 1 金 1 银 5 铜的佳绩，其中女队获得了团体总分第3 名。

1999 年 6 月 7 日，在加拿大埃特蒙多举行的世界跆拳道锦标赛上，我国女选手王朔战胜多名世界跆拳道高手，获得女子 55 公斤级冠军，这是我国跆拳道运动员获得的第一个世界冠军。

2000 年 9 月 30 日，在悉尼奥运会女子跆拳道 67 kg 以上级比赛中中国女选手陈中力克群雄获得冠军。这是我国获得的第一块奥运会跆拳道金牌。

在 2004 年雅典奥运会上，中国跆拳道选手收获颇丰，共获得 4 块奥运会跆拳道金牌。其中，罗薇获得 67 公斤级金牌，陈中获得 67 公斤以上级金牌。另外，中国台北选手朱木炎获得 58 公斤级金牌，陈诗欣获得 49 公斤级金牌。

现今，跆拳道已被列入全国运动会、全国城市运动会、全国大学生运动会等全国综合性运动会的比赛项目，各大赛事每年都在相继举办。全国体育院校相继开设跆拳道本科教育的专业课程，有的还设置了跆拳道硕士研究生教育课程，并已经形成了跆拳道教学、训练、竞赛、科研的完整体系。

第三节　跆拳道的特点及作用

一、跆拳道的特点

（1）以腿为主，手足并用。

跆拳道技术中占主导地位的是腿法，腿法技术在整体运用中约占 3/4，因为腿的长度和力量是人体中最长和最大的。腿法有多种形式，可高可低，可近可远，可左可右，可直可曲，可转可旋，威胁力极大，是比赛得分和实用制敌的有效方法。其次是手法，手臂的灵活性很好，可以自如地控制以完成防守和进攻动作，同时也可以以拳、掌、肘、肩为武器进行实战。在竞赛规则以外的跆拳道实战中，人体的一些主要关节部位亦可以用来作进攻的武器或防守的盾牌，这是跆拳道技术的本质，如人体的手、肘、膝、脚等关节部位是跆拳道实战中最常用、最有效的击打武器。

（2）方法简练，刚直硬打。

不论是在比赛时还是在实战中，跆拳道的进攻方法都是十分简捷而实用的。对抗时双方都是直接接触，以刚制刚，用简练硬朗的方法直接击打对方，或拳或腿，速度快，变化多。防守的动作也是以直接的格挡为主，随即是连续的反击动作。防守时很少使用躲闪防守法，追求刚来刚往，硬拼硬打，尽可能保持或缩短双方间的距离，以增加击打的有效性，在近距离搏斗中争取比赛或实战的胜利。

（3）内外兼修，功法独特。

跆拳道理论认为，经过专门训练，人的关节部位能产生不可思议的威力，特别是拳、肘、膝和脚四个部位，尤以脚和手为甚。长期专门练习跆拳道，可以使人达到内外合一的程度，即内功和外力达到统一。由于无法确定人体关节部位武器化的威力和潜力到底有多大，因此，只有通过对木板、砖瓦等物体的击打来测验练习者的功力水平。功力测验是跆拳道训练水平、晋级考试、表演和比赛的一个重要内容，以此显示出跆拳道独特的功法和特点。

（4）以击破为测试功力的手段。

在向外推广跆拳道时，大多是以击破的方式向人们展示其威猛无比的功夫，这种方法是用拳、掌或脚分别击碎木板、砖瓦，以此检验和测试练习者的功力程度。该方法现已成为跆拳道训练、晋级升段、表演、比赛的一个主要内容。

（5）强调气势，发声扬威。

无论品势还是竞技跆拳道，都要求在气势上给人以威严——多以发出洪亮并带有威慑力的声音来显示自己的能力。尤其是在竞技跆拳道比赛中，双方练习者都会以规则允许的发声来提高自己的斗志，借以在气势上压倒对手，甚至在出击时配合击打效果使裁判得以认可，争取在心理上战胜对手。所以，跆拳道练习者都要进行专门的发声练习。

（6）礼始礼终，培养良好道德品质。

跆拳道给人们留下较深印象的是跆拳道练习者始终是在不同的场合行礼鞠躬，这是因为跆拳道练习者始终把"礼"作为训练内容，强调"以礼始，以礼终"，即练习活动都要从礼开始，以礼结束，并突出爱国主义精神。跆拳道练习者在练习技术的同时，在道德修养方面也要不断提高自己。通过向长辈、教练、老师、队友鞠躬施礼，使跆拳道练习者养成发自内心的行礼习惯，以养成恭敬谦虚、友好忍让的态度和互相学习的作风，并培养其坚韧不拔的意识品质。

二、跆拳道的作用

跆拳道具有防身健体、修身养性、娱乐观赏等方面的作用，是人们增强体质、培养意志的一种较好的手段。

（1）改善和增强体质。

跆拳道的技术动作是由全身协调配合的，其主要通过各种各样的腿法来表现。它能很好地促进人体的力量、速度、灵敏度、耐力和协调性等全面身体素质的发展，具有强身健体的作用。由于练习者在比赛和平时训练中要经常做到临场应变，或是快速进攻，或是主动后撤再反击，或是腾空劈腿，或是后踢接后旋踢，这对提高神经中枢的灵活性和支配各器官的能力起着良好的作用。

（2）提高防身和自卫的能力。

跆拳道是武艺中的一项，通过跆拳道练习，不仅可以掌握各种踢法和拳法，提高身体的灵活能力和反应能力，还可以经过长时间训练形成一定技能，从而具备防身和自卫的能力。

（3）磨炼意志，提高修养。

跆拳道推崇"以礼始，以礼终"的尚武精神，其宗旨是"礼义、廉耻、忍耐、克己、百折、不屈"。通过跆拳道的训练，可以培养练习者坚韧不拔、勇敢无畏、顽强坚毅的意志。跆拳道尤其讲究"未曾学艺先学礼，未曾习武先习德"，使练习者从开始就养成谦虚、宽容、礼让的高尚品德和尊师重道、讲礼守信、见义勇为的情操，并以此影响社会。

（4）娱乐观赏。

跆拳道是一项很具有观赏性的运动项目。在功力测验中，练习者轻松击破木板、砖瓦，使人为之惊叹。而竞技跆拳道则是两人激烈的对抗，双方选手斗智斗勇，比赛中常有凌空飞腿和组合腿法，令人眼花缭乱，具有极高的观赏价值。

第四节　跆拳道的精神境界

人们只有具备健康的身体，并从事有意义且自己感兴趣的活动时，他的工作效率才有可能最高，意欲也最强烈。相反，对于一个体格孱弱的人来讲，就很难达到工作的高效率，其意欲也无从产生。所谓意欲，就是发生在一个人理智和行为之前，能左右个人情绪好坏的精神因素，同时它又与一个人的道德是非观有关联，因为意欲的精神作用不仅仅是决定该投入多大精力去完成某件工作，而且首先应判断出某件事情该不该去做。进行跆拳道锻炼，既能通过全身的运动影响全身的各个器官，又能增强人的精力，刺激大脑，促进体力的开发和精神的振奋，保持精力充沛。随着人类文明的发展，人们早已不以活着为满足，而是不断追求更多、更强、更广泛的需求，而这些需求更多的是精神方面的，为了达到这一目的，人们便要把感知和理性当做某项活动的综合体。跆拳道的锻炼正符合这种要求，因此也是提高精力、培养心理素质最有效的一种途径。同时，跆拳道还讲究在训练中致力于一种独特而古朴的心态，这些都依赖于精神上宽宏大量的气度和个性上坚强的自信心。

一、跆拳道是人格的导引

　　人虽属于生物体，但是人的许多方面又离不开物理学的一切法则，所以，我们也可将人体一系列的成长、发育、思考过程看成一种机械过程。而这种机械过程是一种可适应各种环境，并随时调整自身的形态，以达到效率的相应提高而复杂的构造。另一方面，人体又具有计算机都难以取代的高级神经系统，使得人在精神层面有了思维、感觉、想象等心理活动，唯有此，精神开发才有可能。因此，可以认为人类的肉体和精神是一体两面，相辅相成，缺一不可的。所以，一个人如果缺乏适当的身体训练，就不能达到和产生健全的思维。身体运动可区分为强力的和轻快的两种。强力的身体运动有利于培养人的意志和勇气，增强自己的胆量和自信。而轻快的运动则能使人体循环系统的器官健全而圆滑，并培养人的忍耐性。根据以上的理由，跆拳道可以说是较理想的运动。跆拳道可培养出一个强而有力的人，也能养成人勇往直前的精神，从而使其成为具有管理能力的领导者。同时，这种统率力和胆识又能使人充满自信，而自信更可产生心理上的安定感。这样，无论面对任何困难，也不易动摇其信念。再者，坚毅的性格也能使人产生巨大的忍耐力，忍耐力又能共生出谦让的精神，而谦让这一品质是要求人们利用自我牺牲的精神去控制自我，以维持社会或团体共同的秩序，创造出一个有纪律讲文明的社会。因此，可以说跆拳道是培养人们优秀品格的一种手段和方法，并有助于增强民族凝聚力和激发爱国主义精神。

二、跆拳道的体育价值

　　练习跆拳道需要活动全身的肌肉和关节，因此，它是一项较全面的运动。人类一直很重视生命的维持和需要，所以无论对内环境还是外环境的变化，都能及时地做出适当的调整。外环境是指为了生存下去，人体与外界不可分割的那些关系；内环境则是为了保持人体机能的统一与平衡而不可避免的反应。据此，我们可以把跆拳道运动理解成为了生存的目的与对内、外部刺激的合理反应，以达到内、外环境协调和统一的过程。跆拳道正是把手、脚和全身所有非动不可的部位做整体性的组合，并按照科学的原理进行连接，以促进内外环境的秩序调节，维持身体机能平衡。

三、跆拳道中的哲学

　　跆拳道是把人类生存的本能意识用肢体有力的动作表现出来的一种方式，同时它更要求人们把精神的欲求具体化，因此它又是一项高尚的竞技体育运动项目。跆拳道的所有动作都是以自己的防卫本能作为基础，然后才逐渐地将其变为一种主观信念，从消极的防御动作发展到积极的进攻形态，最后才能达到绝对自动化的行为阶段。在跆拳道中，练习者首先要战胜的不是对手，而是自己。因为在人的性格中有大胆与怯弱之别，在性情上有勤奋与懒散之分，而无论前者还是后者，在训练中都要克服给自身肉体带来的疼痛、疲劳，甚至伤病的痛苦，只有具备坚韧和坚忍的精神，才有可能不断克服自身的软弱，达到新的境界。而在与对手的竞争中，跆拳道战术中的进攻与防守，力量施予的沉重与轻巧，形式变化的主动与被动等方面无不包含着矛盾的对立与统一。在处理这些瞬息万变的竞争矛盾中，经验固然重要，而理智的思维和敏捷的反应更能化被动为主动，这也是跆拳道中注重的使自己的心态达到无瑕地的哲理，即心里需有我而忘我而无我。

第五节　跆拳道的科学理论

一、科学合理地使用力

为了提高跆拳道的技术，就必须先知道有关力的科学和如何合理使用力的方法。迄今为止，大多数人对跆拳道的训练依然单纯地认为只是无条件地锻炼加上凶猛的训练为根本，同时改变人自身的惰性而已，所以缺乏合理的研究。这不能不说是一种遗憾。这样认识的结果就会继续把"跆拳道"神秘化，并被动而漠然地继承下去，而这正是与跆拳道的发展与创新背道而驰的。因此，必须站在科学的角度上，通过对跆拳道发力的效果和技术的使用方法进行科学的分析，了解其力到底是如何产生的，如何才能发挥最大效力，然后把这些问题用科学的原理和数据来加以说明，从而得到正确的答案。

二、牛顿的加速定律

在自然界中，存在有重力、弹力、摩擦力、磁力、电力、惯性等。牛顿的加速度定律正是为这些现象而下的定义，根据物体的质量和运动速度的变化，对于 $F＝Ma$（F 为力，M 为质量，a 为加速度）这个定律几乎可以用于所有的力量，并且非常便利。对跆拳道也是一样，它需要考虑到人体的体重和质量，然后只要将身体、脚、拳等部位加速的话，则动作的速度也会跟着加快。换言之，"力"就是由质量和加速度所决定的，通过计算即可得知跆拳道的攻击力、防御力以及破坏力的大小。比如欲攻击时，先使身体位置处于不稳定的状态，使身体的重心移动较易，有利于发挥手脚运动的加速度，这样虽然不能改变人体本身的质量，但是由于加速度提高了，它们的乘积同样增加，亦即增加了力；相反，在防守时，则要求身体重心越稳定越好，关于这一点我们在下面将详述。当然，人体是一个有机的整体，不能光考虑到发力进攻的威力，还应预见到完成动作后的结束状态是否有利于再进攻或防守。另外，人体的灵敏性、柔韧性等素质，以及精神因素与神经、呼吸系统等诸方面因素均会影响到力量的发挥，这些都需统筹兼顾。

三、重心、支撑面与稳定性

身体的稳定性取决于人体重心的高低及支撑面的大小。为了获得较高的稳定性，可以通过变换脚的动作来改变支撑面积的大小，在一定范围内，两脚分得越开，则重心越低，支撑面越大，身体也就越稳，而且在此稳定面中，重心是可以改变位置的，这对进攻与防御都很重要。人体重心和其他物体的重心一样，通常是在前后左右的中心点上，即在人体脊椎的中心线上，同时，也会随身体活动而随时变化。当我们要运动身体时，应把重心降低（屈髋和膝关节），这样不仅使动作自然，而且也更稳定，相对增加了安全性。所以人类在睡眠时都采用卧姿，因为这样能获得最大的稳定性和安全感。相反，重心高些，则有利于更敏捷地移动身体。无论用拳还是脚去攻击对方时，都必须使身体重心的移向与动作方向一致，这样才能增强攻击力，例如向正前方冲拳的同时应送髋、送肩，使重心落到前支撑腿上。

四、提高速度的因素

跆拳道中，要想使任何一种有效的攻击方法获得成功，都必须有速度的基础，否则就很难得到有效的攻击力量。跆拳道中时常使用的强踢或弱踢都代表着速度快慢上的变化。所谓弱踢，就是慢速度，而强踢则表示快速度。如前所述，增加速度的方法和身体重心的移动密不可分。而要想快速变换重心，就得使身体处于一种随时可动的不稳定状态，这样才有可能获得高速度。在跆拳道中，稳定度低而重心高的姿势，是最有利于提高身体和拳脚运动速度的姿势。同时，尽可能地提高身体的柔韧性，不但可以扩大攻击的距离和范围，而且也有利于速度的发挥，因为速度和距离呈正比关系，即在同等的时间内，工作距离越长，速度相对就越快。因此在训练中，跆拳道并不要求过分加强肩带肌的力量，而更侧重肩关节的柔韧性。跆拳道的许多拳、脚动作都对柔韧性要求较高，所以无论何时都应学会放松肌肉，以保持各关节所必需的柔韧性。因为人体的各关节都是由骨头、骨骼肌和肌腱组成并支撑的，而骨骼肌属随意肌，是可直接受大脑中枢神经支配而进行伸缩运动的，肌肉僵硬或不够柔韧，就很难快速地按神经系统的命令在瞬间完成灵活的动作，这样一来，攻防动作的迟缓也就在所难免了。

五、神经反应的重要性

神经分布于肌纤维中，就像一棵大树，它的根部就是大脑神经中枢，连接于体内的千万条神经如同树干，而具体分布到各组织器官的神经末梢就相当于树的枝叶。当神经末梢接受到外来的刺激时，会将此信号传输到大脑，再由大脑发布命令送到相应的部位，并做出反应。而在肌纤维中神经连接得越精细，则完成某个动作的肌肉用力就越协调，浪费的功也就越少。神经活动的好坏就是我们通常所说的灵敏性如何，对于同样一个刺激信号，灵敏性高的人能在较短的时间内作出反应，迟钝的人就需相对较长的时间。这在跆拳道中就能区分出水平高低，因为对手的进攻都是带有突发性、随意性的，反应快的人就能够从容对付、化险为夷；相应地，若欲进攻对方，也需动作敏捷突然，出其不意，方能取胜。因此，对神经系统反应能力的训练，在跆拳道中也是很重要的。

六、呼吸的作用

呼吸系统是人体中较特殊的一个系统，它既受呼吸中枢支配（植物性神经系统），又受大脑的高级神经支配。比如平时我们的呼吸均不必有意识地去完成，而是自然地进行，但是一旦需要，我们又能随意增加或减少呼吸次数，或改变呼吸深度，这就是高级神经系统作用的结果。一般而言，我们在做身体前屈或后伸的动作时，一定要吐气，而在恢复原位时则需吸气。但是，在跆拳道中，如果想踢某一目标时，须先吐气，而当在踢的那一瞬间则要停止呼吸（屏息），否则就缺乏威力。因为在人体吐气时，身体易松弛也使抗击力降低。而在停止呼吸时，则有利于将力量集中到一点上，这就是吸气的同时憋住气，以增强抗击力。而在跆拳道攻击目标的一瞬间，选手们都会发出"呀"的喊声，这是为了在出拳时，把胸腔内的气迸发而出，使得精力更加集中，这声"呀"得拉得很长，直至踢到目标为止。如果仍继续喊下去则不能得到更大的力量。发力的大小，很大程度上取决于精神的集中与否，拳（脚）到声止是最好的。通过调整呼吸，可以很好地去集中精力以完成动作。所以，凡是经过良好修炼的跆拳高手都很注重呼吸的调节与神经的敏感性，并不断领悟其中的奥秘，发挥出最大的潜力，一旦功力达到，就会产生惊人的力量。

第六节　跆拳道与保健

众所周知，跆拳道对于健康有许多益处。毋庸置疑，健康对人体来说是最宝贵的资产。对于人的身体及保持健康的重要性，古人认为人的身体从头到脚都是从父母那里得到的，因此不忽视或不损伤身体的人被称为孝子。他们认为身体不是自己的，而是父母的。孔子说父母最关心的是子女的健康。因此，认为子女保持身体健康就是对父母的爱心，也是对父母孝敬的一种表现方式。事实上对人类来说，没有比身体更重要的东西，有病在身，财产、名誉、权力、美貌都将失去光彩。因此，每个人都不应该忽视健康。为了说明跆拳道对健康的重要性，下面介绍医学博士同时也是跆拳道高手的罗伯特 · 爱斯阿尼在论文《跆拳道与健康》中的一些观点。

跆拳道运动不同于显示力量的重量运动，不是调节大而突出的肌肉，而是使无力的脂肪组织变成肌肉，使身体变得轻盈敏捷。通过重量运动而变得发达的肌肉使血管之间的间隙拉开，由于血管数不变，因此无法在扩张的血管之间补充新的血管，其结果是通过吸氧和血流来排除人体内排泄物发生困难。所以，医学博士布朗先生提出应把不必要的大肌肉锻炼成长为柔韧的肌肉，使身体得到更多血液，提高持久力和健康。

练跆拳道是通过踢腿、闪腰、单手攻击或防御、将另一只手向反方向拉的动作使下腹的肌肉更加强健。而且，通过抬腿、踢腿的动作锻炼侧腰部和大腿内侧肌肉。跆拳道尤其适宜女性的理由是如上所述可以全面锻炼下腹、腰以及大腿、均匀锻炼全身肌肉，使女性保持青春与美丽。练跆拳道可以恢复女性分娩后下垂的腹部和腰，以及大腿内侧的肌肉，对重新塑造健康身体和均衡体形有与众不同的功效。如此看来，跆拳道是保持健康和女性美的最理想的武道。

不仅如此，跆拳道通过科学性修炼和广泛的全身运动，正如医学博士克勃斯所说，可以增加脉搏，长时间提高心脏和肺的氧需求量，并有如下好处：

（1）扩张血管，减少血流阻力，降低心脏扩张器的血压。

（2）增加供血，尤其能增加红细胞和血色素。

（3）供给更多氧气，使身体组织更加健康。

（4）增强心脏功能，能够抵抗任何冲击。

（5）使睡眠安稳，易于排除排泄物。

（6）跆拳道不仅使瘦的人增加肌肉，相反，还使肥胖的人减少脂肪，从而使体重恢复正常。不同于一般体育活动的是，跆拳道激烈的动作每小时能消耗 600 卡路里，而减少一磅体重需要消耗 3500 卡路里，因此，一天练一个小时的话，一个星期就能减少一磅。

医学博士麦克罗依先生指出练跆拳道还有如下益处：

（1）有利于肌肉变得发达有力。

（2）培养活动力，培养应付任何难关的能力。

（3）培养方向转换的能力。

（4）培养在一定空间使身体迅速地从一个地点移到另一个地点的活动能力。

（5）使关节、肌肉及筋更加柔韧有节奏性。

（6）末梢神经和视觉变得发达。

（7）培养集中力，消除杂念。

（8）学会移动身体的方法和技术。

通过将全身力量集中到一个部位的"对准焦点"的练习，培养强有力的肌肉，完美的平衡以及爆发性的力量。基本动作和模式的练习能够培养敏捷性的同时培养不同动作互换的能力，增强对打的勇气和适应能力。

练习前的准备动作使血液量增加，血液循环顺畅，肌肉和血管变得有韧性，关节和血管变得柔软。因此，练武时不致受伤，练完功后，要做放松运动，使激烈运动中产生的肌肉内蓄积的血和液体恢复原状。如果不做解身运动会使全身感到僵硬。

在跆拳道锻炼中，这种锻炼前后的运动和呼吸运动从身体构造和生理学的角度来看是科学的。在攻击时，大声喊"呀"不仅是为了压倒对方气势，而且也使下腹的肌肉伸缩，对预想不到的反击能够防御。而且，能排除肺内的浊气，增加肺活量及肺功能，如举重选手或自由式摔跤手在激烈的运动中以故意呼气或大声喊叫的方法平均分配胸内血压，使身体的重要器官不受伤害，练跆拳道大声喊叫也是同一道理。

从上面所述可以看出跆拳道对感受性和集中力，肌肉、心脏与肺的活动都有很大帮助。而且，跆拳道练习者在其他一般体育活动中表现会更加敏捷。因此，跆拳道被人们认为是男女老少皆宜的运动。学习跆拳道除了护身以外，为了健康的益处，以及为了获得学习古代武术的满足感也应成为所有人生活中的一部分。

第二章　练习跆拳道前应掌握的基础知识

第一节　跆拳道的礼仪

　　跆拳道不仅是一种具有高度攻击力的技击术，而且也是一门精巧的形体艺术和健身方法。技巧和控制力是学习跆拳道必须具备的基本素质，精神与气质则是每个跆拳道选手所必须修炼的。

　　跆拳道中的"礼仪"是跆拳道基本精神的具体体现。它倡导"以礼始，以礼终"的尚武精神。谦逊和正确的语言、忍让和友好的态度、虚心和好学的作风是跆拳道练习者必须遵守的重要礼仪。

　　"以礼始，以礼终"是跆拳道武士精神的中心思想。训练、比赛的开始和结束都有严格的礼节仪式：练习者进入道场时，首先向国旗和老师敬跆拳道鞠躬礼，表示对祖国的热爱和对师长的尊敬。配合练习或比赛开始前，双方应互相敬礼，练习后或比赛结束后，再次相互敬礼，以示友好和互相尊重、谦让；在比赛中受到裁判处罚，也要行道礼表示服从；比赛结束要向对方教练敬礼表示尊重。在练习跆拳道的过程中，要严格遵守道德规范，增强法制观念，要有忠于祖国的思想，要有爱国家、爱民族的热情，要有为伸张正义和扶助弱者自我牺牲的精神。要在尊重前辈、尊重他人、遵守规则的前提下磨炼技术。跆拳道极力提倡培养练习者高尚的道德品质，刚强不屈的意志，健全和完美的风度以及蓬勃向上的体育精神。

　　跆拳道"道礼"的要求是：先立正，再上身前倾 30°，头低 45°，目视地面行鞠躬礼。

　　跆拳道的精神是"礼义、廉耻、克己、忍耐、百折不屈"。

　　礼义：跆拳道练习者必须严格遵守以下原则：礼让精神，不诽谤污辱他人，谦虚而尊重他人的人格，培养人道主义和正义感，为人处世要合乎礼仪，无论问题的大小都要极公平且慎重地处理，不接受和赠予不情愿的礼物。

　　廉耻：跆拳道练习者严禁下列行为：没有教导他人的实力而把善良学员引向歧途，示范时为显示威力而用胶水粘松板或用裂缝的砖等欺骗观众或弟子，为晋级或升段而行贿，把升段视为达到利己或显示虚假力量的手段，言行不一致、不守信用、不知羞耻，不肯向他人学习，为个人利益而依附权贵，且自视为武道中人。

　　忍耐：无论遇到何种困难都要忍耐且克服。

　　克己：训练当中由于失误而受到拳脚打击时要克制自己，克服虚荣心及不羡慕他人，即"自胜自强"。

　　百折不屈：折，指挫折；屈，指弯曲，屈服。意志要坚强，无论受到多少次挫折，都不退缩或屈服。

一、进入道馆训练时的礼节

（1）练习者要衣着端正，头发整洁，对教练员和队友要表现出恭敬、服从、谦虚、互动互学的心态。

（2）进入道馆时，首先向国旗敬礼，方法是：将右手掌放于左侧胸前，成立正姿势，目视国旗 2～3 秒钟，然后向教练员行鞠躬礼。

（3）两人一组进行练习时，首先应相互敬礼，练习结束后，再次相互敬礼。

（4）训练中如果有事请假，应首先向教练员敬礼，再说明理由。

（5）训练中服装或护具脱落，应背对国旗和教练员，整理整齐后再恢复训练。

（6）训练结束后，首先向国旗敬礼，然后向教练员敬礼，离开道馆时再次向国旗和教练员敬礼。

二、参加比赛时的礼节

1. 个人比赛时的礼节

1）个人比赛开始时的礼节

运动员走入场地时，应向裁判员及教练员敬礼，待场上主裁判"立正""敬礼"的口令下达后，比赛双方运动员相互敬礼，然后主裁判发出"准备""开始"的口令后方能进行比赛。

2）个人比赛结束时的礼节

比赛结束时，双方运动员到各自的位置相对站好，待主裁判发出"立正"、"敬礼"的口令后双方相互敬礼，然后面对裁判长席等待宣布比赛结果。比赛结果宣布结束后，向裁判长席、场上裁判员及对方教练员敬礼，然后结束比赛。

2. 团体对抗赛的礼节

1）比赛前的礼节

首先，青、红两队全体队员按名单顺序面对裁判席成纵队站立，然后两队运动员依主裁判"敬礼"口令向裁判席敬礼。

2）比赛结束后的礼节

当最后一对运动员比赛结束后，两队全体运动员立即进入竞赛区相对站立，待主裁判发出"立正"、"敬礼"的口令后，相互敬礼，然后两队依主裁判口令先向监督官立正站好，再向陪审敬礼。

第二节　跆拳道的级别

对教练员尊称：一至三段称为副师范（Assistant Instructor），四至六段称为师范（Instructor），七至八段称为师贤（Master），九至十段称为师圣（Grand Master）。

一、跆拳道"十级"、"三品"、"九段"的划分

跆拳道有着严格的技术等级考核制度。练习者水平的高低以"级"、"段"、"品"来划

分。"级"分为 10 级至 1 级，10 级水平最低，1 级较高。1 级以后入"段"，段位从低到高分为一至九段。未成年选手达到一至三段水平，则授予"一品"至"三品"。

跆拳道训练、比赛专用道服采用厚实、优质、吸汗的白布缝制，象征思想的纯洁和追求技术的纯熟。

腰带的颜色则代表着选手的技术水平，从低到高依次为白带（10 级）、白黄带（9 级）、黄带（8 级）、黄绿带（7 级）、绿带（6 级）、绿蓝带（5 级）、蓝带（4 级）、蓝红带（3 级）、红带（2 级）、红黑带（1 级、一品至三品）、黑带（一段至九段）。

二、腰带颜色的象征意义

10 级为白色腰带（白带）：白带代表纯洁，练习者没有任何跆拳道知识和基础，一切从零开始，意味着入门阶段。

9 级为白带加黄杠（白黄带）：练习者经过一段时间的训练，已经了解跆拳道的基本知识并学会一些基本技术，开始由白带向黄带过渡。

8 级为黄带：黄带是大地的颜色，就像植物在泥土中生根发芽一样，在此阶段要打好基础，并学习大地厚德载物的精神，意味着学习的基础阶段。

7 级为黄带加绿杠（黄绿带）：介于黄带与绿带之间的水平，意味着练习者的技术在不断上升。

6 级为绿带：绿带是植物的颜色，成长中的绿色草木，代表练习者的跆拳道技术开始枝繁叶茂，跆拳道技术在不断完善，意味着技术的进步阶段。

5 级为绿带加蓝杠（绿蓝带）：由绿带向蓝带的过渡带，练习者的水平处于绿带与蓝带之间。

4 级为蓝带：蓝带是天空的颜色，随着不断的训练，练习者的跆拳道技术逐渐成熟，就像大树一样向着天空生长，练习跆拳道已经完全入门，意味着进度达到相当高的阶段。

3 级为蓝带加红杠（蓝红带）：练习者的水平比蓝带略高，比红带略低，介于蓝带与红带之间。

2 级为红带：红色是危险、警戒的颜色，表示危险，练习者已经具备相当的攻击能力，对对手已构成威胁，意味着克己和警告对手不要接近，要注意自我修养和控制。

1 级为红带加黑杠（红黑带）：经过长时间系统的训练，练习者已修完从 10 级至 1 级的全部课程，开始由红带向黑带过渡。

黑带：代表练习者经过长期艰苦的磨炼，其技术动作与思想修为均已相当成熟，也象征跆拳道黑带不受黑暗与恐惧的影响

黑带的段位是通过黑带上的特殊标记区分的。另外，区别跆拳道的段位还要看道服上的标记：一段至三段的道服边有黑色带条，四段以上的道服衣袖和裤腿两边有黑色带条。

第三节　跆拳道的服装

参加跆拳道比赛时，运动员必须穿戴由世界跆拳道联盟规定的统一服装（包括护头、护胸等道具），平时训练时必须穿跆拳道道服。

一、叠道服

叠道服前一定要双膝跪下，两脚放平，再按照以下步骤进行：

（1）将道服平摊于地上，如图 2-1 所示。

（2）拿起一边袖子与肩的连接处，沿此处平折横放，如图 2-2 所示。

图 2-1

图 2-2

（3）另一边袖子同样往道衣中间平折横放，如图 2-3 所示。

图 2-3

（4）将道服裤子的两条裤腿竖直重叠平摊于地上，再把道裤上下对折，如图 2-4 和图 2-5 所示。

图 2-4

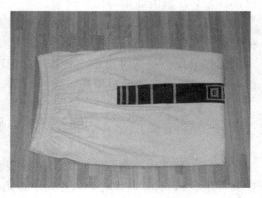
图 2-5

（5）把折好的道裤放在道衣的袖子位置上，如图 2-6 所示。

（6）将道衣的下半部分向上叠到放置道裤的位置，如图 2-7 所示。

图 2-6

图 6-7

（7）道衣的一侧沿着肩部位置向中间正中线位置竖直平折，如图 2-8 所示。

（8）道衣的另一侧同样沿着肩部位置往中间竖直平折，与另一侧平行对齐，如图 2-9 所示。

图 2-8

图 2-9

（9）道衣沿衣领中线竖直对折，如图 2-10 所示。

（10）把腰带两头对齐重叠，然后把折好的道服放在腰带的中点位置，如图 2-11 所示。

图 2-10

图 2-11

（11）将腰带一端从道服上方向另一侧折叠，如图 2－12 所示。

（12）将腰带另一端从腰带中心一侧向上方折叠，如图 2－13 所示。

图 2－12　　　　　　　　　　　　　　　图 2－13

（13）将腰带向上折叠的一端由上从腰带内侧向下穿，如图 2－14 所示。

（14）将穿过去的腰带一端拉紧，如图 2－15 所示。

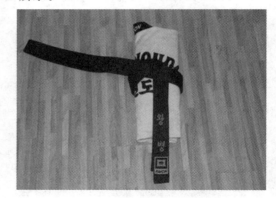

图 2－14　　　　　　　　　　　　　　　图 2－15

（15）将腰带中间一端向下压，如图 2－16 所示。

（16）用腰带下压的一端由上向下、由外向内从腰带另一端方向内绕，如图 2－17 所示。

图 2－16　　　　　　　　　　　　　　　图 2－17

（17）将绕过来的腰带中心一端由下从绕的环中穿上去，如图 2－18 所示。

（18）将穿上去的腰带一侧拉紧，如图 2 - 19 所示。

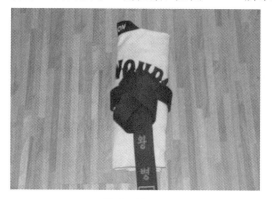

图 2 - 18　　　　　　　　　　　图 2 - 19

二、系腰带

（1）手持腰带，右手握住腰带的中心位置，左手距右手大概十厘米左右，如图 2 - 20 所示。

（2）左手握腰带并对准胸标，右手将腰带往后缠，如图 2 - 21 所示。

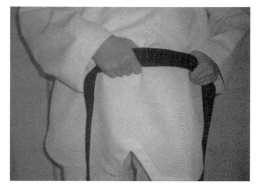

图 2 - 20　　　　　　　　　　　图 2 - 21

（3）将左手的腰带也往后缠，如图 2 - 22 所示。

（4）后面开始姿势如图 2 - 23 所示。

图 2 - 22　　　　　　　　　　　图 2 - 23

（5）将左手的腰带交给右手，右手的腰带交给左手，然后将左手的腰带塞到右手腰带的下面，如图 2－24 所示。

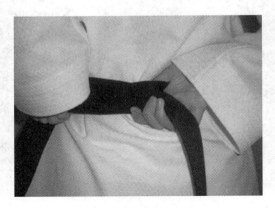

图 2－24

（6）侧面与脑标位置一致，如图 2－25 和图 2－26 所示。

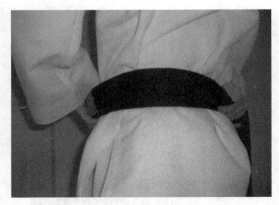

图 2－25　　　　　　　　　　　　　　　　　　图 2－26

（7）右边的腰带也系过来，如图 2－27 所示。

（8）将右手的腰带从底下穿出来，如图 2－28 所示。

图 2－27　　　　　　　　　　　　　　　　　　图 2－28

（9）左边在上，右边在下，将腰带打一个结，如图 2 - 29 所示。

（10）使劲系上，如图 2 - 30 所示。

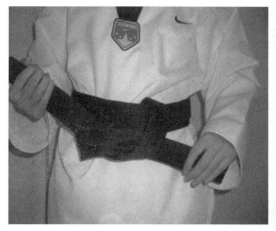

图 2 - 29

图 2 - 30

（11）最后效果如图 2 - 31 所示。

图 2 - 31

第四节　人体击打及要害部位

一、人体的要害部位

在学习跆拳道的过程中，首先要了解人体的要害部位，这是学习跆拳道的基础。在实战中，只有击打对手要害部位才能在短时间内让对手失去反抗能力。人体的要害部位被重击，有时可以使其生理机能暂时或永久地消失。因此了解并熟悉这些要害部位，再加上准确、有力的击打技术就能在实战中有效地制服对手。在攻击对手的同时，还要保护好自己的这些要害部位，以防受到对手的攻击。人体的主要要害部位如图 2 - 32 所示。

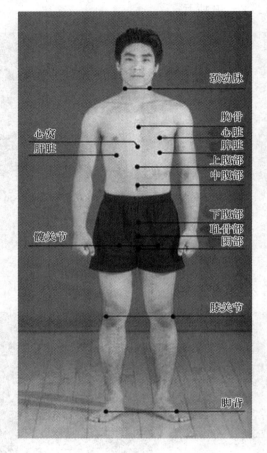

图 2 - 32

1. 颈动脉

颈两侧布满致命的血管和神经，颈动脉、迷走神经均沿颈两侧分布。如用手掌外缘猛砍敌颈外侧或后侧，可压迫颈动脉窦，使敌人产生严重的心律不齐，并导致心力衰竭而在短时间内毙命。

2. 胸骨

胸骨是人体呼吸机能的重要部位，若它受到重击而碎裂，会造成呼吸困难而窒息，若胸骨插入肺部会使肺泡破裂而致人死亡。

3. 心脏

心脏是血液循环的动力器官，它通过有节律的收缩而推动血液在血管中流动。当心脏受到严重伤害时，可致人立即死亡。

4. 上腹部(胃、肝脏、脾脏)

人体胸腔剑突以下，肚脐及其周围部位右上腹是肝胆，左上腹有胃、脾脏，两侧是肾脏，下腹是肠、膀胱等脏器。这些器官排列在腹腔壁内，并垂直压在骨盆上，离心脏较近，又有肠系膜、神经结，故受到外力的猛烈打击后，内脏血管会因外力压迫而膨胀，从而导致血液循环受阻，同时由于腹部壁层腹膜神经末梢丰富，感觉灵敏，人会感到疼痛难忍。如肝、脾、肾破裂而出血，可使对手在短时间内死亡。

5．中腹部

中腹部是肚脐即神阙穴，被击中后，会冲击肋间的神经，并且震动肠管、膀胱等部位，身体会失灵。严重时会损伤人体元气。

6．裆部

裆部包括耻骨、阴部及髋关节，是男子的要害，该部位即便是受到妇女和儿童的攻击也能使任何壮汉屈服，攻击裆部可以轻易使人失去抵抗能力，束手任人摆布，也可轻易置人于死地。

7．膝关节

膝关节是人体中最大、结构最复杂的下肢主要关节，它由股骨下端、髌骨和胫骨上端组成。由于此部位暴露在外，且皮下脂肪较少，因此如遭受重击可使韧带撕裂或髌骨碎裂，从而使其站立不稳或无法移动。

8．脚背

脚背神经密布，肌肉极少。它由骰骨和3块楔骨、5块跖骨基底部的关节面组成。跖趾关节由跖骨远侧与第一节趾骨近端组成，故受外力砸压就会脱节和错位，而且连接它的踝关节活动范围亦较小，如用力击打或拧折，可造成韧带撕裂。

二、人体的敏感部位

人体有些神经分布相当丰富，是痛觉非常敏感的部位，在受到打击或压迫时，疼痛难忍，甚至出现昏迷、休克、死亡的严重后果。另外，人体的关节部位繁多，最易遭到打击。当人体关节承受超过生理机能限度的打击或压迫时，就会发生脱臼和韧带撕裂，甚至丧失正常生理机能。因此，这些部位在技击中便有特殊的意义，也被称为要害部位。了解和熟悉这些遭到击打会造成严重后果的部位有两个方面的意义：一是当自身和他人生命受到威胁时，可以利用强有力的手段攻击敌方要害部位，一击必胜，迅速制止犯罪行为，还可以在竞技比赛中击打对方薄弱环节，快速制胜；二是在实战技击和训练中加强自我保护，尽量避免遭到伤害。其主要部位如图2-33和图2-34所示。

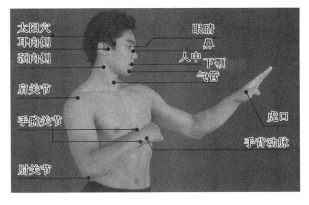

图 2-33

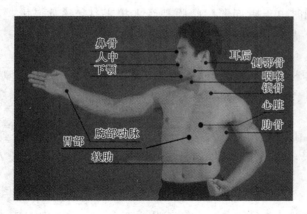

图 2 - 34

1. 太阳穴

太阳穴属头部颞区，有颞浅动脉、静脉及颞神经穿过。而且，此部位骨质脆弱，向内击打，可引起颞骨骨折，损伤脑膜中的动脉，致使血液不能流畅，造成大脑缺血缺氧，使人在3秒钟内死亡。

2. 眼睛

眼睛具有视觉功能，眼睛遭暴力打击，可以使人轻易致盲。因为视觉功能对人的日常生活起着举足轻重的作用，所以眼睛常常被列为人体的要害部位之一。

3. 鼻

外鼻位于颜面中央，是由骨和软骨构成的骨性结构。面三角区是指面部鼻根以下，鼻尖以上，鼻两侧至嘴角外的三角区域。打击面三角区，不仅可以直接损伤鼻骨，而且常常存在着生命危险。鼻骨被击碎，可使鼻内大量出血，疼痛异常，并使两眼泪流不止，造成暂时视力障碍。

4. 人中

人中在人脸的面三角区内。暴力打击面三角区，只要不发生表皮组织破损一般危害不大，但面三角区表皮破损，却可以造成致命的后果。在面三角区内，神经、血管分布极为丰富，尤以静脉血管的分布较多。面部静脉结构特殊，都没有静脉瓣，因此容易造成血液逆行，而面部静脉血液的回流多要经过面深静脉及眼内眦静脉进入颅内海绵窦。因而，面三角区破损时，外界细菌极易通过面部静脉向整个头和面部扩散，并沿面部静脉上行侵入颅内，引起颅内感染，诱发脑膜发炎，导致生命危险。为此，面三角区外伤无论出血多少，都不可以直接用手挤压或用不洁物揩按，以防细菌感染，从而侵入大脑。

5. 下颚

由于下颚所处位置易受攻击，且受击打后易引起颅底骨折、颅内出血，因此受击打后轻则剧痛难忍，重则昏迷或休克。

6. 耳朵

耳郭神经离大脑较近，受到击打或挤压后可损伤通往脑膜中的动脉和静脉分支，使血液循环受阻。而且耳部在下颌骨的上缘、下耳郭的后面，这里有一个和太阳穴一样致命的穴位叫完骨穴，打击耳和耳后完骨穴，轻则击穿耳膜或耳内出血，重则脑震荡或在5秒钟内死亡。

7. 颈侧部

颈椎有较大的灵活性，打击颅颈交界部位，会使头部产生剧烈的鞭打摆动动作，并使大脑受到强烈的震荡。这种头部震荡，可使脑实质在颅腔内发生移位，并使系于脑中轴上的脑干受到牵拉、扭转或撞击于颅底枕骨斜坡，从而引起严重的脑震荡或脑干损伤。打击后使人立即昏迷或因脑干、延髓功能损害致呼吸、心跳骤停而立即死亡。

8. 肩关节

肩关节是人体活动范围最大的关节。它由肱骨、肩胛骨、关节盂、韧带和锁骨连接而成，能内收、外展、前屈和旋转，是连接手臂和身体的重要关节。格斗中如用暴力将其向左右拧拉或向后扳至极点，就会使其脱臼或韧带、肌肉撕裂，从而削弱战斗力。

9. 肘关节

肘关节由尺骨、桡骨、肱骨连接而成，活动范围较小，能前屈、伸直，可随肩关节上下拨动。当伸直时，向后或向两侧猛折，就会脱臼或骨折。

10. 腕关节

腕关节是臂部主要关节，它由桡骨和腕部八块小骨组成。腕关节主要靠韧带连接，活动范围较大，能前屈、后伸、内收、外展。如果超过它的活动范围，如内卷、后折或向两侧反拧、缠丝等轻则脱臼、韧带撕裂，重则骨折。

11. 手背

手作为人类最为灵活的工具，其也有很脆弱的部位，那就是手背。手背上有很多静脉血管以及筋脉，受到击打后会使对手疼痛难忍或骨折。击打手背多用于挣脱对手的抓、拽、扯等。

12. 咽喉

由于咽喉处有气管、颈动脉及迷走神经，受到重击后，会在短时间内因缺氧而窒息，甚至死亡。

13. 肋

肋部共有 12 对肋骨，且骨细而长，附在表面上的肌肉亦很薄，故用膝撞或脚踢任何部位的肋骨，都能使敌肋骨骨折甚至死亡。而且受击打后会震荡内脏，骨折后，折断创面的锋利处还会刺破内脏，造成体内大出血。

三、人体的薄弱部位

跆拳道是由创始人崔鸿熙将军在军队中首先发展起来的，并且现朝鲜人民军、特种部队以及韩国军队都是以跆拳道为主要徒手训练科目，其实用性可想而知。实战中最为重要的就是一击必中，一击必杀。了解人体解剖知识，掌握攻击的要害部位，不仅可以正确理解技术动作，充分发挥动作威力，更能有目的地进行自我保护和击打对方要害部位，力求一击必胜。人体的某些部位和器官，如心、脑、内脏等，有着极为重要的生理功能，在生命活动过程中是必不可少的，这些部位受伤将对生命的威胁极大。虽然这些器官大多数是在骨骼的保护下，但是部分暴露在外，便成为了薄弱的部位。这些部位如图 2 - 35 所示。

1. 后脑

后脑即脑枕部，是脊椎与脑部连接部位，此部位最为脆弱，以暴力打击脑枕部，极易形成脑震荡，甚至造成更严重的脑损伤。在暴力犯罪中，后脑是最容易遭到袭击，也是人

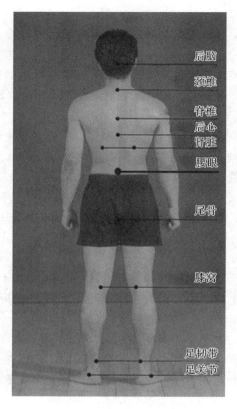

图 2 - 35

们最不易防范，而且是损伤很容易形成的部位。脑枕部受打击而引起的颅内损伤，常常会造成致命的后果。

2. 颈椎

打击颈后枕下三角区或以两手抓住敌方头部猛力向两侧扳拧，很容易造成颈椎骨折、脱位、压迫脊髓神经，从而引起四肢麻痹、高位截瘫。由于颈椎椎体在脊柱中相对较小，椎管也相对窄小，颈段脊髓又最为膨大，因而颈椎椎管与颈段脊髓对比显得不够宽大。颈椎损伤时，颈段脊髓损伤也因此而容易发生。第五颈椎以上脊髓损伤时，还会引起膈肌瘫痪。膈肌瘫痪后，伤员的自主呼吸不能维持，会很快因窒息而死亡。由于目前脊髓损伤尚不能达到使功能恢复的程度，因此，凡打击颈后引起第五颈椎以上脊髓损伤大都不能存活。

3. 肾脏

肾脏是人体主要器官之一，位于第 12 肋部和第 3 腰椎之间，紧贴腹后壁，是全身代谢最快的器官，有丰富的血管。因此处没有肋骨保护，所以遭到击打后很容易造成出血，引起严重后果。受到重击时，容易破裂而出血，从而使敌人在 5 秒钟内毙命。

4. 腰部

腰部是指腰椎与骶椎之间的部位，是人体脊柱的一部分，起着支撑躯干和传导重力的作用。此处如遭到暴力打击，轻则椎间盘脱出，腰椎损伤，压迫神经，使人疼痛难忍，活动受限；重则使人体下肢瘫痪，丧失活动能力。

5. 膝窝（膝关节）

膝关节是人体下肢的重要关节，骨骼大而有力。它由股骨下端、胫骨上端及髌骨和半月板连接而成，能前伸、后屈。向前伸直或站立时，用暴力扳拧或踏踹，轻则使人倒地，重则脱臼、骨折。

6. 踝关节

踝关节由胫骨、腓骨、跟骨等连接而成，能内收、外展、伸直，活动范围较小，用力踢踹、拧拉就会造成脱臼、韧带撕裂而失去正常功能。

第五节　练习跆拳道时的注意事项及热身

一、练习跆拳道时的注意事项

1. 加强礼仪和武德的修养

跆拳道的修炼过程是一个内外兼修的过程，它讲究礼仪、廉耻、忍耐、克己、百折不屈的跆拳道精神。也可以说这种精神是跆拳道运动的灵魂，即要练就上乘的功夫，也要在道德方面达到较高的境界。武德是指尚武崇德的精神，这是评价跆拳道修炼者道德水平的标准。学习跆拳道的目的不仅仅是追求强健的体魄、自强不息的尚武精神，更是培养宽厚谦让、诚实守信、除暴安良、扶助弱小的道德修养。因此练习跆拳道必须加强品德修养，树立助人为乐、见义勇为的良好风尚，切不可恃强凌弱、打架斗殴、寻衅滋事、违反社会公德。

2. 训练发声

跆拳道训练过程中的发声可以激励精神，提高训练效果，同时借助发声可在一定程度上减少体力消耗。实战中的发声在提高个人自信的同时可以起到震慑对手的作用，白带新生初学时可能会感到不习惯，但应该让自己养成良好的发声习惯，以提高训练效果。

3. 新生不要存有自卑或是玩世不恭的心理参加训练

因为你是新生技术上不如老生是再正常不过的事，而且每一个老生都会经历你现在要走的过程才能成为老生，所以不要因为自己什么都做不好而感到自卑，相反要有良好的心态和意志去面对训练，有些动作做起来不习惯或觉得好笑是正常的，这需要你认真面对。

4. 树立坚韧不拔的意志和持之以恒的学习态度

跆拳道是一项既复杂又难练的体育项目，学习的过程中将遇到各种各样的困难，如伤痛、疲劳等。在这些困难面前只有树立坚韧不拔的意志品质和持之以恒的学习态度，潜心钻研，才能不断提高自身的技术水平。

5. 练习前准备活动要做充分

练习跆拳道或参加比赛前应做充分的准备活动，准备活动的时间大概在 20～30 分钟，其内容包括跑步、活动各个关节、拉韧带等。通过充分的准备活动使各韧带和关节充分拉伸并能灵活运动，提高神经与肌肉的兴奋性，有效地克服内脏器官的生理特性，使肌体各器官处于兴奋及运动状态。切不可没有做准备活动就进行剧烈的运动，以免造成关节、肌肉、韧带的拉伤，甚至影响正常的训练活动。因此，做好充分的准备活动是避免运动损伤的有效手段。

6. 遵循循序渐进的原则

学习跆拳道最重要的一个原则就是系统性。正确、科学、合理地安排学习训练计划才能够较好地掌握跆拳道技术，切记不要贪多、图快，否则欲速则不达。如在学习的过程中，还没有学习防守技术就进行实战练习，这样不但不能进步，反而容易造成运动损伤，影响学习进度。

7. 要有自我保护的意识和能力

学习跆拳道必须经历的过程就是实战，在没有穿护具的情况下进行实战是很容易受伤的。因此，在实战练习时穿戴护具是较好的自我保护措施。护具包括护胸、护腿、护裆、护头等。有条件者最好在垫子上进行练习，无条件者可在平整的场地上进行练习。

8. 训练结束后要进行全面的放松

训练结束后，人体的各种生理机能还维持在一个较高的水平，需要有一个由高到正常的调整过程。全面的进行放松整理，能有效地消除疲劳，消除代谢产生的乳酸，缓解肌肉疼痛。

二、跆拳道训练过程中需要掌握的要点

跆拳道不是蛮练就能练出来的，在出色教练的指导下，能事半功倍，反过来不但劳而无功，而且改起来都很困难。所以学习跆拳道的过程中好的教练非常重要。同时了解跆拳道训练过程中的要点对练习者会很有帮助，如：

（1）要彻底研究力量的原理；

（2）每个动作的目的和方法要明确；

（3）视线、呼吸、手脚要同时动同时停；

（4）要选择好所要攻击的人的部位和穴位；

（5）攻击防守都要保持技术动作的角度和距离；

（6）做每个动作，关节都要弯曲；

（7）除了特殊情况，动作一旦开始就不要停；

（8）所有动作都要有波浪型步伐；

（9）除了连接动作以外，所有动作结束时一定要正确地做短促的呼吸。

三、跆拳道练习前的热身练习

人体的运动过程是一个从静态到动态再到静态的过程，跆拳道练习也不例外。在剧烈运动前，热身运动是很有必要的。充分的准备活动和热身练习可以避免运动损伤，使机体达到一定的兴奋状态，从而为高质量地完成练习做好准备。所谓热身练习就是我们所说的准备活动。准备活动按其目的可以划分为一般性准备活动和专项准备活动：一般性准备活动包括跑步、拉韧带、活动关节等；专项准备活动是针对某一节课或比赛实战等所做的热身练习，专项准备活动除做一般准备活动内容外，还要做针对性的内容，如比赛前的打靶、反应练习等。

一般情况下，跆拳道的热身练习应占整个训练时间的四分之一左右，目的是增强肌肉和韧带的柔韧性，防止肌肉和韧带的损伤。

1. 徒手关节操

1）颈部运动

两腿自然开立，双手叉腰。慢慢低头，分别向下、向后、向左、向右做颈部的拉伸动作（如图 2-36 所示）。

图 2-36

2）肩部运动

两脚自然开立，并与肩同宽，两臂屈肘，手掌指尖置于肩部位置，以肘关节为轴由前向下画弧绕圈和由后向下画弧绕圈交换练习（如图 2-37 所示）。

图 2-37

3）体转运动

两腿自然开立，并与肩同宽，两臂屈肘向前平举。两臂由身体左侧尽力向后摆，左右交替进行（如图 2-38 所示）。

图 2-38

4）腰部绕环

两腿自然开立，并与肩同宽，双手叉腰，腰部先按顺时针方向旋转，然后再按逆时针方向旋转（如图 2-39 所示）。

图 2 - 39

5）膝绕环

两腿屈膝并拢，双手扶于膝上，两膝先按顺时针方向绕环，然后再按逆时针方向绕环（如图 2 - 40 所示）。

图 2 - 40

6）弓步压腿

前腿弓、后腿蹬成弓步站立，双手扶于前腿膝盖上方，根据节奏上、下震动，两条腿交换练习（如图 2 - 41 所示）。

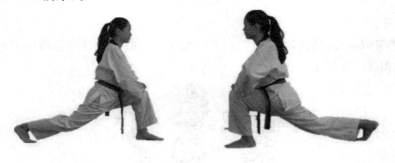

图 2 - 41

7）仆步压腿

两腿成仆步姿势下蹲，同侧手臂扶于膝盖位置，根据节奏上、下震动，两条腿交换练习（如图 2 - 42 所示）。

8）活动腕、踝关节

两脚自然开立，与肩同宽，两手五指交叉，腕关节放松，由内向外绕环，同时脚尖点地，踝关节放松由内向外绕环，两脚交换练习（如图 2 - 43 所示）。

图 2 - 42　　　　　　　　　　　　　图 2 - 43

2. 柔韧练习

柔韧练习一般安排在热身练习后，练习要循序渐进，以免造成运动损伤。柔韧练习除了达到牵拉韧带的目的外，也是为了提高柔韧素质，增大肌肉和关节的韧性，从而提高腿法及品势演练的质量。

1）坐位体前屈

坐在地板上，两腿伸直，两手尽力向前伸，尽量用头部带领上体向脚尖位置延伸（如图 2 - 44 所示）。

图 2 - 44

2）对足坐位振压

两脚对足坐在地板上，两手扶住膝盖，向下振动（如图 2 - 45 所示）。

图 2 - 45

3）腿和背的拉伸

坐在地板上，左腿向前伸直，右腿在体后弯曲，两手向前伸两次，身体向右后转两次，两腿交换练习（如图 2 - 46 和图 2 - 47 和图 2 - 48 所示）。

图 2-46　　　　　　　　图 2-47　　　　　　　　图 2-48

4）分腿侧压

坐在地板上，两腿最大限度地左右分开，上体向左侧转，尽量用腰部和腹部贴左腿，同时两手抓住左脚，身体用力向下压。左右腿交换练习，此方法主要用于练习髋关节的灵活性（如图 2-49 所示）。

图 2-49

5）竖叉

两腿前后分开，成一条直线。前腿的脚后跟、小腿肚、大腿后侧的肌肉群贴紧地面，脚尖勾起。后腿的脚背、膝盖和股四头肌压紧地面，脚尖指向正后方。髋关节与两腿垂直，臀部压紧地面，上体正直。可以做上体前俯并压紧前腿，亦可做上体后屈。练习时左右腿交替进行，动作幅度由小到大，逐渐用力。竖叉主要用来练习大腿后侧和髋关节的柔韧性（如图 2-50 所示）。

6）横叉

两腿左右一字伸开，两手可以辅助支撑。两腿的内后侧部位着地，压紧地面，两脚的脚跟着地，两脚尖向两侧伸展或勾紧，髋关节放松成一字形。可上体前俯，亦可上体向左或向右侧倒，以充分拉伸大腿内、后侧肌肉。横叉主要用来练习两腿内后侧和髋关节的柔韧性（如图 2-51 所示）。

图 2-50　　　　　　　　　　　　图 2-51

7）压脚背

跪在垫子上，两腿并拢放在臀部下，脚背贴地，身体后倒，仰卧在垫子上数秒钟后起立。此方法主要用于练习大腿前侧、踝关节和腰部的灵活性（如图 2－52）。

8）压肩

两人一组，互相双手扶在对方的肩上，两脚自然开立，稍比肩宽，然后弯腰塌肩向下振。或者单独练习时，跪在垫子上，两腿并拢放在臀部以下，脚背贴地，双手向上伸直，身体向前双手着地并向下振，如图 2－53 所示。此方法主要用于肩部和腰部的灵活性。

图 2－52　　　　　　　　　　　　　　　　　图 2－53

3. 柔韧素质练习的要求及注意事项

1）遵守循序渐进的原则，进行针对性练习

进行柔韧性练习时不能急于求成，否则容易造成肌肉拉伤，这样不仅不会促进训练反而会影响训练，造成心理负担。因此，做柔韧素质练习时，应随着柔韧素质的提高逐渐加大强度和难度，并要根据跆拳道运动的特点有针对性地进行练习，以增强腰和下肢的柔韧素质为主，同时也要增强全面的身体柔韧素质。

2）树立良好的意志品质和持之以恒的练习态度

柔韧素质的练习过程是一个痛苦和枯燥的过程，是对运动员意志品质的考验。柔韧素质容易发展也容易消退，因此要坚持经常练习，练习要选择合适的时间，要安排在准备活动的最后阶段，在完全热身之后或者训练结束后进行，也可以在速度训练和力量训练中间穿插进行。总之，应该掌握正确而科学的练习方法，树立良好的意志品质和持之以恒的练习态度，并配合经常性的练习，逐步提高柔韧素质。

3）练习前应做好充分的热身准备活动

柔韧素质练习前一定要做好充分的热身活动，使机体处于一定的兴奋状态，充分的热身活动是预防运动损伤的有效手段之一。

4）练习中应注意主动练习与被动练习协调进行

在练习的过程中，运动员自己的主动训练与在教练、同伴帮助下的被动训练要协调进行，在充分热身和自身肌体功能能够承受的前提下，适当地加大练习强度。

第六节　跆拳道的基本专业术语

跆拳道口令（韩语发音及其对照）如下：

一　　　One　　　　　　HANAH 喊那

二	Two	DUHL 斗儿
三	Three	SEHT 色
四	Four	HEHT 内
五	Five	DASEOT 他司
六	Six	YEOSEOT 有司
七	Seven	LLGOP 依古
八	Eight	YEODUL 呀斗
九	Nine	SHOP 啊户
十	Ten	YEOL 由儿
蓝	Blueness	CHUNG 从
红	Red	HONG 红
立正	Attention	Charyo 查里呕
敬礼	Bow	7KYEONG – PYE 跟里

第七节　　跆拳道练习中常见运动损伤的紧急处理方法

一、韧带扭伤

跆拳道运动中由于外力使关节活动超出正常生理承受范围而造成关节周围的韧带拉伤、部分断裂或完全断裂，这称为关节韧带扭伤。最容易发生关节韧带扭伤的部位在膝关节、手指关节和踝关节。关节韧带扭伤后会出现局部肿胀、疼痛、压痛，有皮下出血的可看见青紫区。早期正确处理关节韧带扭伤非常重要，因为韧带组织不易再生恢复，如果处理不当或误诊而转成慢性疾病，可能遗留功能障碍，且以后易再次扭伤。

急性损伤发生后，应立即停止活动，以减少出血，并立刻用冷水冲损伤部位或用冰块冷敷局部以达到止血的目的。然后覆盖绷带加压包扎以防止肿胀。韧带完全断裂或怀疑并发骨折的，在加压包扎后必须请医生进一步检查和治疗。经过 24 ～ 48 小时后，损伤部位的内出血已停止，这时可用毛巾热敷或按摩以消肿并促进血液吸收。在进行热敷时，温度不要太高，时间不宜太长，按摩时也不宜太重，以免加重渗血、水肿或发生再出血。为了促进关节功能的恢复，应注意动静结合，在没有疼痛感觉的前提下进行早期活动。基本痊愈后，应加强关节周围肌肉的力量练习，提高关节的相对稳定性。

二、擦伤

擦伤即皮肤的表皮擦伤。如果擦伤部位较浅，只需涂红药水即可；如果擦伤创面较脏或有渗血时，应用生理盐水清洗后再涂上红药水或紫药水。

三、挫伤

挫伤是由于身体局部受到钝器打击而引起的组织损伤。轻度挫伤不需特殊处理，经冷敷处理 24 小时后可服用活血化瘀、消肿止痛的中成药，外加理疗。

四、急性腰扭伤

当发生急性腰扭伤时应该让患者仰卧在垫得较厚的木床上，腰下垫一个枕头，先冷敷后热敷。

五、关节扭伤

踝关节、膝关节、腕关节扭伤时，将扭伤部位垫高，先冷敷 2～3 天后再热敷。如扭伤部位肿胀、皮肤青紫和疼痛，可参照"肌肉拉伤"的处理。

六、脱臼

脱臼即关节脱位。一旦发生脱臼，应该嘱咐病人保持安静、不要活动，更不可揉搓脱臼部位，妥善固定后送医院治疗。

七、骨折

常见骨折分为两种，一种是皮肤不破，没有伤口，断骨不与外界相通，称为闭合性骨折；另一种是骨头的尖端穿过皮肤，伤口与外界相通，称为开放性骨折。对开放性骨折，应该用消毒纱布对伤口作初步包扎、止血后，找木板、塑料板等将肢体骨折部位的上下两个关节固定起来。怀疑脊柱有骨折者，需尽早卧在门板或担架上，躯干四周用衣服、被单等垫好，不致移动，不能抬伤者头部，这样会引起伤者脊髓损伤或发生截瘫。怀疑颈椎骨折时，需在头颈两侧置一枕头或扶持患者头颈部，不使其在运输途中发生晃动，再用平木板固定送医院处理。

八、肌肉拉伤

肌肉拉伤是体育运动中最常见的一种肌肉损伤。据北京运动医学研究所统计，这种损伤在各种损伤的发生率中占 25％以上。肌肉拉伤分主动拉伤和被动拉伤两种：主动拉伤是由于肌肉做主动的猛烈收缩时，其力量超过了肌肉本身所能承担的能力；被动拉伤主要是肌肉用力牵伸时超过了肌肉本身特有的伸展程度，从而引起拉伤。

发生肌肉拉伤的主要原因有：

（1）准备活动不充分。肌肉的生理机能尚未达到剧烈活动所需要的状态就参加剧烈活动。

（2）体质较弱，训练的水平不高，肌肉的弹性、伸展性和力量较差，疲劳或负荷过度。

（3）运动技术低，姿势不正确，动作不协调，用力过猛，超过了肌肉活动的范围。

（4）气温过低，湿度太高，场地太硬等。

肌肉拉伤指肌纤维撕裂而致的损伤。它主要是由于运动过度或热身不足造成的，可根据疼痛程度知道受伤的轻重，一旦出现疼痛感应立即停止运动，并在痛点敷上冰块或冷毛巾，并保持 30 分钟，以使小血管收缩，减少局部充血和水肿，切忌搓揉及热敷。

体质较弱、训练水平不高的练习者，运动时要量力而行，防止过度疲劳和负荷太重。为了预防肌肉拉伤，在练习中要提高运动技术及动作的协调性，不要用力过猛；改善训练条件，注意运动场所的温度，尤其冬季在野外运动时要注意保暖，不可穿得太薄；要注意观察肌肉的反应,如肌肉的硬度、韧性、弹力、疲劳程度;肌肉拉伤后重新参加训练时要循序渐进,勿操之过急,并要加强局部保护,防止再度拉伤。

九、抽筋

抽筋也称为痉挛,它的主要处理方法是设法使痉挛的肌肉松弛,切忌慌乱,肌肉舒展方法有:立刻休息,对局部施加均匀的压力,然后缓慢而且持续地拉长它,使它放松,主要出现的部位及处理方法如下:

(1)手指痉挛:先握紧拳头,然后用力伸张,如此迅速动作,直至复原为止。

(2)手掌痉挛:两掌相合手指交叉,反转掌心向外,用力伸张向后弯,或两掌相合,一掌用力压另一掌向后弯,或一手握另一手四指,用力向后弯,往复行之,至复原而后止。

(3)小臂痉挛:先紧握拳头,小臂屈肩,然后伸臂伸掌,往复行之,至复原而后止。

(4)足趾痉挛:一腿伸直,以痉挛之足趾抵住另一足足根,用足跟尽力压迫足趾,使足掌尽量向后弯,或用手握住足趾,用力向后拉,往复行之,至复原而后止。

(5)小腿痉挛:多为腓肠肌痉挛,以一手握住足趾,用力向后扳拉,另一手抵住膝盖,用力下压,使腿伸直,往复行之,至复原而后止。

(6)大腿痉挛:屈膝屈髋,使腿屈于腹前,用双手抱住小腿,用力内收数次,然后将腿伸直,如此往复行之,至复原而后止。

(7)腹部痉挛:若为腹部肌肉抽筋,屈双腿近腹部,然后缓缓伸直,往复行之,至复原而后止。

(8)胃部抽筋:最严重的抽筋部位,除去突然抽筋外,还有颇为苦楚的剧痛以致身体不由自主地蜷曲起来。胃部抽筋应设法引人救援。

抽筋预防方法:

(1)不要过分疲劳;

(2)适当地补充盐分;

(3)要先作热身运动及伸展操;

(4)避免穿戴太紧的衣物或护套;

(5)心情要放松。

第三章　跆拳道基本技术

　　竞技跆拳道是随着时代的进步和竞技体育的发展而产生的，它是一个在一定的规则限制下，以切磋技艺、增进友谊、提高竞技水平为目的的对抗性体育竞赛项目。按照技术形式划分，竞技跆拳道的基本技术可以概括为三类，即进攻技术、防守技术、防守反击技术。无论是初学者还是奥运冠军，精确的基本技术练习与强化都是有必要的。基本技术的好与坏不但关系着跆拳道技术能否深入学习，而且会影响战术的发挥和比赛的胜负。可见，要想系统地练习跆拳道，基本技术是关键。

　　以脚为主、以手为辅是跆拳道技术的特点，因此，跆拳道的攻防部位重点体现在手和脚两个区域，手的攻防包括拳和掌两个部分，脚的攻防包括脚背、脚掌、脚刀等部分。

第一节　拳

　　传统跆拳道中关于手的使用包括拳、掌、指、臂和肘五个部位，其中只有拳的攻防在竞技跆拳道中有所体现，其他的攻防手法只有在品势和日常生活的搏击格斗中才会有所体现。拳的用法在传统跆拳道中是很广泛的，主要用来攻击对方的面、胸和腹等部位，但在竞技跆拳道中的使用是有所限制的。

一、正拳的握法

　　正拳的握法是指四指并拢，向内卷曲握紧，拇指内屈压紧在食指和中指的第二关节处，拳面要平（见图 3-1 和图 3-2）。

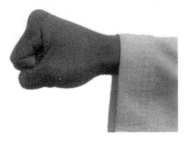　　　　　　　

图 3-1　　　　　　　　　　　　　　　　图 3-2

二、与拳相关的动作术语及握法和用法

1. 拳面

拳面是指握紧拳后的正面。这种握法主要是利用拳面直接进攻对方，力点是拳面（见图 3-3）。

2. 拳背

拳背是指握紧拳后拳的背部。这种握法主要是利用拳背抖腕上挑和侧向的摆动击打对方，力点是拳背（见图 3-4）。

3. 拳轮

拳轮也称为锤拳，是指握紧拳后小指以下腕关节以上的部位。这种握法主要是利用拳轮由上向下锤击对方，力点是拳轮（见图 3 - 5）。

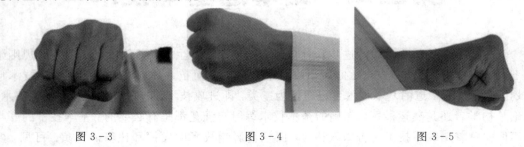

图 3 - 3　　　　　　　　　图 3 - 4　　　　　　　　　图 3 - 5

第二节　掌

一、手刀

手刀是指拇指内扣并贴近食指，其余四指并拢且第一关节处微曲，此时小指的外侧沿线部位形成手刀。它主要用于砍击或戳击对手。此掌法只局限于在品势中使用（见图 3 - 6）。

二、贯手

贯手的手形与手刀基本相同，要求微屈拇指，主要用四指指尖戳击对方的要害部位，如戳击对方的眼睛、喉部等。此掌法只局限于在品势中使用（见图 3 - 7）。

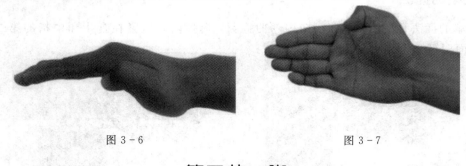

图 3 - 6　　　　　　　　　　　图 3 - 7

第三节　脚

跆拳道比赛中，运动员主要以腿攻为主，所采用的攻击部位是踝关节以下的部位。

一、前脚掌

前脚掌是指脚底前部的骨和肌肉群。以前脚掌为力点的攻击在实战中多体现在下劈等腿法技术中（见图 3 - 8）。

二、正脚背

正脚背是跆拳道技术中腿法技术的关键部位，它是指踝关节以下至第一趾关节以上的部位。多用于横踢、双飞踢等腿法技术，具有击打距离远、击打力点大等特点(见图 3 - 9)。

三、脚刀

脚刀是指脚底和脚跟相连接的脚外侧边缘部位，多用于侧踢等腿法技术(见图 3 - 10)。

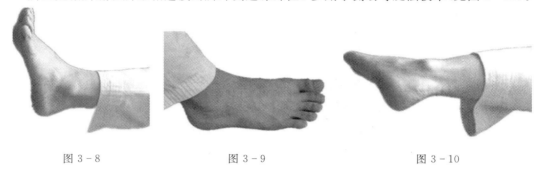

图 3 - 8　　　　　　　图 3 - 9　　　　　　　图 3 - 10

第四节　步　　型

跆拳道的步型是指在跆拳道练习或实战中，站立位置的姿势和脚步的形状。步型是和步法紧密联系的，是品势练习的基础。

一、预备势

两脚左右开立，与肩同宽，两脚尖外展，双手握拳置于腹前，两拳面相对，拳心向内(见图 3 - 11)。

二、并步

两脚并拢，两脚内侧贴紧，身体直立，两臂自然下垂于体侧，目视前方(见图 3 - 12)。

图 3 - 11　　　　　　　图 3 - 12

三、开立步

两脚左右开立，与肩同宽，两脚尖向外，两臂自然下垂于体侧，身体放松，目视前方(见图 3 - 13)。

四、行步

行步也称探步或高前屈立，其动作方法是两脚前后开立，姿势与平时走路相似，两膝微内扣，两脚之间的距离约为本人脚长的 1～1.5 倍，重心置于两腿之间（见图 3-14）。左脚在前称为左行步，右脚在前称为右行步。

图 3-13　　　　　　　　　　　　图 3-14

五、弓步

弓步也称屈立步，两脚前后开立距离相当于本人的一步半，前腿屈膝半蹲，后腿蹬直，前腿膝关节与脚尖垂直，让重心大部分落在前脚上。左脚在前称左弓步，右脚在前称右弓步（见图 3-15、图 3-16）。

图 3-15　　　　　　　　　　　　图 3-16

六、马步

两脚开立，略比肩宽，两脚平行脚尖，向前或略内扣，挺胸直背，两腿屈膝半蹲，重心落在两腿之间（见图 3-17、图 3-18）。

图 3-17　　　　　　　　　　　　图 3-18

七、三七步

三七步也称后屈立，动作方法是两脚左右开立，距离为本人脚长的 3.5～4 倍，后脚尖转约 90°，两膝微曲，前脚尖向前，身体重心约 70% 在后腿，30% 在前腿。左脚在前称为左三七步，右脚在前称为右三七步（见图 3-19）。

图 3-19

第五节　实　战　姿　势

实战姿势也称为准备姿势，是指跆拳道比赛中运动员运用技术和步法进行进攻或防守时的准备动作和基本站立姿势。准备姿势应该便于进攻和防守反击以及步法的移动而及时作出反应。练习时，左脚在后是左架准备姿势，右脚在后是右架准备姿势。

一、实战姿势

1. 动作方法

两脚前后开立，两脚之间的距离是本人肩宽的 1.5 倍，脚尖斜向前方 45°，脚后跟抬起，两膝微曲，身体重心落于两脚之间，身体放松，右手握拳置于胸前，高度应距下颌一拳左右，左手握拳并与肩平，左手肘关节角度应大于或等于 90°，两臂屈肘自然垂放。上体保持正直，目视前方，下颌微收（见图 3-20、图 3-21、图 3-22）。

图 3-20　　　　　　　图 3-21　　　　　　　图 3-22

2. 动作练习要领

（1）实战时身体要放松，两臂的动作不是固定的，可根据自己的动作习惯适当地作出调整。

（2）两膝微曲，两腿不能站在一条直线上，应站在直线的两侧，以保持身体的平衡，从而便于快速地出击或防守。两脚之间的距离也可适当作出调整。

（3）准备姿势重心的高低也可根据自身情况进行调整，原则上要达到在训练和比赛中能以最快的速度调整自己的身体重心为宜。

3. 易犯错误

（1）全身紧张，肌肉僵硬，两腿直立，身体重心置于前腿或者后腿上。

（2）在做准备姿势时，身体侧对对手。

（3）在训练或者实战时后脚呈外八字状。

4. 易犯错误的纠正方法

可在同伴的帮助下进行纠正或者自己面对镜子进行自我纠正。

二、实战中的站位

跆拳道实战中，按双方运动员相对站立的姿势，可分为开式站位和闭式站位两种。

（1）我方左架实战姿势站立时，对方右架实战姿势站立，或我方右架实战姿势站立时，对方左架实战姿势站立，称为开式站位（见图 3 – 23）。

（2）我方左架实战姿势站立时，对方左架实战姿势站立，或者我方右架实战姿势站立时，对方右架实战姿势站立，称为闭式站位（见图 3 – 24）。

图 3 - 23　　　　　　　　　　　图 3 - 24

第六节　移 动 步 法

一、跆拳道的基本步法

跆拳道是一种以腿法为主的武艺，实战中步法的灵活运用对保证充分发挥腿的威力，取得实战的胜利具有极其重要的意义。脚法使用时多以后腿进攻，因此跆拳道的步法具有鲜明的特点，即重心落在两腿之间或偏于前腿，而且身体姿势大都侧向站立，以便保护身体和要害部位而使后腿通过拧腰、转髋发力，并且增加击打的力量和速度。

二、跆拳道的步法在实战中的意义

首先步法是连接各技术动作的关键环节。跆拳道实战中，不论是进攻、防守，还是防守反击动作，绝大多数是在运动中完成的，因此需要灵活、快速、敏捷、多变的步法连接技术，以保证后面技术动作的完成和发挥，否则就会处于被动挨打的地位。

其次，通过灵活多变的步法移动，使对方的进攻或防守落空，同时自己抢占有利的攻击或防守位置，为反击创造条件。

再次，灵活多变的步法可以保持身体姿势的平衡，因为身体只有在相对平衡的状态下，才能更有力、更有效地攻击对方，从而达到攻击目的。跆拳道的实战是在运动中进行的，没有正确、灵活、多变的步法，就难以取得实战的胜利。

最后，灵活机智地运用多种步法，可以给对方心理造成压力，使对方产生无所适从的感觉，从而为战胜对方创造条件。

三、实战中常用的基本步法

1. 前进步

前进步包括前滑步、上步和前跃步。

1）前滑步

动作方法：实战姿势站立，右脚蹬地，左脚向前上步，落地时前脚掌先着地，然后右脚再向前跟进半步（见图 3 - 25）。

图 3 - 25

动作要领：移动时，两脚距离保持不变，两脚离地不要太高，进步要稳，跟步要快。

实战作用：调整与对手之间的距离。

2）上步

动作方法：实战姿势站立，以左脚掌为轴。脚尖外转，右脚蹬地向前上步，成实战姿势站立（见图 3 - 26）。

动作要领：动作要协调，要有整体性，上步要快。

实战作用：

（1）调整距离伺机进攻；

（2）假动作引诱对方或追击对方。

3）前跃步

动作方法：实战姿势站立，两脚同时蹬地向前纵跃 30～40 厘米，动作完成后保持实战姿势站立（见图 3 - 27）。

①　　　　　　　②　　　　　　　　　①　　　　　②
图 3 - 26　　　　　　　　　　　图 3 - 27

动作要领：

(1) 要依靠两脚踝关节与膝关节的力量弹跳纵出，双脚要紧贴地面，不要腾空过高；

(2) 动作起动时，重心不宜过低，否则容易暴露动作意图。

实战作用：用于接近对手或配合技术进攻。

2. 后退步

后退步包括后滑步、后跃步和后撤步。

1) 后滑步

动作方法：实战姿势站立，左脚蹬地，右脚先后退半步，落地时右脚掌先着地，随之左脚向后跟半步，落地后保持实战姿势不变（如图 3 - 28）。

图 3 - 28

动作要领：

右脚退步距离不宜过大，右脚退多大距离，左脚要跟多大距离，并要借助蹬地的反作用力加快移动速度。

实战作用：躲闪对方进攻或配合技术反击。

2) 后跃步

动作方法：实战姿势站立，两脚同时蹬地向后跃出 30～40 厘米，动作完成后成实战姿势站立（见图 3 - 29）。

动作要领：参考前跃步。

实战作用：用于躲闪对方的进攻或配合技术反击。

3）撤步

动作方法：实战姿势站立，以右脚为轴内转，左脚向后撤步，成右实战姿势站立（见图 3 - 30）。

图 3 - 29　　　　　　　　　　　　　图 3 - 30

动作要领：动作要协调一致，撤步要快。

实战作用：用于躲闪对方的进攻或配合技术反击。

3．侧移步

向左移动时称为左侧移步，向右移动时称为右侧移步。

1）左侧移步

动作方法：实战姿势站立，右脚踏地，左脚向左侧上步，右脚随之跟上使身体重心向左移动而离开原来的位置（见图 3 - 31）。

图 3 - 31　　　　　　　　　　　　　图 3 - 32

2）右侧移步

动作方法：实战姿势站立，左脚蹬地，右脚向右侧方上步，左脚随之跟上使身体重心向右移动而离开原来的位置（见图 3 - 32）。

动作要领：移动时要有弹性，速度要快，身体要放松。

实战作用：用于躲闪对方的进攻或躲闪反击。

4. 弧形步

向左跨步时称为左弧形步，向右跨步时称为右弧形步。

1）左弧形步

动作方法：实战姿势站立，以左脚为轴，右脚蹬地向左侧跨步，上体随之左转（见图3-33）。

2）右弧形步

动作方法：实战姿势站立，以左脚为轴，右脚蹬地向右侧跨步，上体随之右转（见图3-34）。

图 3-33　　　　　　　　　　　　　　图 3-34

动作要领：整个动作要协调一致。

实战作用：用于躲闪对方进攻及躲闪后反击。

5. 跳换步

动作方法：实战姿势站立，左、右脚同时离地，以腰部力量带动双腿相互交换，落地后仍成实战姿势站立（见图3-35）。

图 3-35

动作要领：换步要灵活，弹跳不宜太高。

实战作用：调整实战姿势。

6. 垫 步

1）前垫步

动作方法：实战姿势站立，重心后移，右脚向左脚内侧并拢，同时左脚蹬地向前迈步

（见图 3－36）。

图 3－36

动作要领：右脚向前上步要迅速，不等右脚落地，左脚就向前移动，移动的距离不要过大，整个动作要协调连贯。

实战作用：

（1）快速接近对手；

（2）连接横踢、下劈踢、侧踢等技术进攻对手。

2）后垫步

动作方法：实战姿势站立，左脚向右脚方向并拢的同时，右脚蹬地向后移动，两脚落地成实战姿势（见图 3－37）。

图 3－37

动作要领：

左脚撤步要迅速，整个动作要协调连贯。

实战作用：

（1）用于拉开与对手之间的距离；

（2）用于连接横踢、下劈踢等技术反击。

7. 冲刺步

动作方法：实战姿势站立，右脚向前上步成左实战姿势，紧接着左脚向前上步回到原来的位置（见图 3－38）。

动作要领：两腿动作要迅速，频率要快，如冲刺跑一般移动时步幅不宜过大。

实战作用：

（1）迅速接近对手；

（2）连接横踢、双飞踢等技术进攻。

图 3－38

第七节　直 拳 击 打

手的技术也是跆拳道的基础，在竞技跆拳道比赛中可以使用手的进攻技术只有一种，即直拳击打。在拳法的发力过程中，腰、腿和肩的作用是很大的，冲拳的同时要借助蹬地、转腰、送肩、旋臂的力量，只有这样，才能将身体的力量集中在一点，从而发挥拳法的最大威力。

直拳击打是竞技跆拳道中唯一允许使用的拳法技术，但只能击打对方的躯干部位。直拳击打可分为左直拳和右直拳两种。

一、左直拳

动作方法：右架实战姿势站立，右脚蹬地，左脚以前脚掌为轴，脚跟外旋，重心移至左脚、合髋、转腰、送肩，上体推动左肩、左臂，将左拳从胸前准备姿势向前旋臂沿直线冲出，冲拳的同时右肩做下格动作，接触目标的瞬间拳心向下，目视前方；动作完成后按原路返回，成实战姿势站立（见图 3－39、图 3－40）。

图 3 - 39　　　　　　　　　　　图 3 - 40

二、右直拳

动作方法：右架实战姿势站立，右脚蹬地的同时以前脚掌为轴向内扣转，重心移至左脚，右脚随之转动扣膝、合髋、转腰、送肩，上体推动右肩和右臂，将右拳从胸前准备姿势向前旋臂沿直线冲出，力达拳面，冲拳的同时左臂做下格挡动作，接触目标的瞬间拳心向下，目视前方；动作完成后按原路返回，成实战姿势站立（见图 3 - 41、图 3 - 42）。

图 3 - 41　　　　　　　　　　　图 3 - 42

动作要领：

（1）冲拳时，应充分利用蹬地、转髋、转腰、顺肩和旋臂的力量，力点应在拳面；

（2）冲拳时发力要果断，整个动作要协调、流畅；

（3）击打瞬间，肩、肘、腕、指各关节均应紧张用力，动作完成后迅速放松，将拳收回，成实战姿势站立。

易犯错误：

（1）击打时只是手臂在做动作，没有充分利用蹬地、转髋、转腰、顺肩和旋臂的力量，从而降低了拳法的力度；

（2）动作不协调，冲拳时因力量过大而失去重心。

纠错方法：初学时，应由慢到快反复练习，理解冲拳的发力要领，待熟练后再加快速度完成练习，也可以面对镜子纠正错误动作。

第八节　腿　　法

跆拳道的表现形式是以腿法为主的，被人们称为"踢的艺术"。腿法技术是竞技跆拳道的主要技术，也是跆拳道技术的重点。

一、前踢

前踢是最基本的腿法之一。前踢技术在跆拳道比赛中很少运用，它主要运用于搏击自卫或跆拳道基础练习之中。

动作方法：右架实战姿势站立，右脚蹬地，身体重心移至左脚，右腿向正前方屈膝上提，随之以膝关节为轴向前送髋、顶膝，右脚脚面绷直，握拳自然垂放在身体两侧；继续送髋，支撑脚以前脚掌为轴配合送髋向外旋转，右大腿向前抬起，当大腿抬至水平或稍高时，向前弹出小腿，力达脚背用脚背击打目标。踢击完成后，右小腿折叠并快速收回落地，然后撤右腿，还原成右架准备姿势。反之左架实战姿势，踢击左腿，动作亦然（见图 3 - 43、图3 - 44）。

图 3 - 43　　　　　　　　图 3 - 44

动作要领：

（1）提膝时，两大腿内侧之间的距离尽量小，踢击腿尽量直线出腿；

（2）提膝的高度决定了踢击的高度，击打时脚背要绷直；

（3）踢击动作要迅速有力，小腿弹出后，在弹直的瞬间要有制动的过程，使脚产生鞭打的效果；

（4）踢击时，身体重心要保持稳定。

易犯错误：上体后仰过大；动作过于僵硬形成直腿撩踢。

练习方法：

（1）采用分解法，先练习向前提膝送髋，再练习弹击小腿，然后再练习完整的踢击动作技术；

（2）初学者可扶支撑物，反复体会提膝与踢击两个动作技术的要点，待动作正确熟练后再进行完整动作练习；

（3）可面对镜子或者在搭档的帮助下纠正错误动作；

（4）左、右架实战姿势交替练习，空击动作正确熟练后，再进行击靶练习（见图3 - 45、图3 - 46）。

图 3 - 45　　　　　　　　图 3 - 46

实战作用：可用于攻击对手的面部、下颌等部位，防身自卫的时候，可用于攻击对手的裆部。

二、横踢

横踢是跆拳道训练和比赛中最为常见的技术，也是比赛中得分较多的技术。横踢动作技术简单实用，且变化多样，是跆拳道技术中的重点之一，许多跆拳道得分技术都是从横踢技术变化而来的。

动作方法：右架实战姿势站立，右脚蹬地发力，重心移至左脚，同时右腿向前提膝，大小腿折叠，脚面绷直；以左脚前脚掌为轴，脚跟内旋，左脚向外旋转180°，身体向左侧旋转，转体时右膝关节内扣下压，上体微侧倾；当膝盖与大腿抬至水平或膝盖稍高时，右腿以膝关节为轴迅速伸膝弹腿向左侧方踢出，脚背绷直，以脚背为力点踢击对方的头部或躯干。动作完成后，小腿放松收回落地，撤步还原成右架准备姿势。反之，左架准备姿势，踢击左腿，动作亦然（见图3-47、图3-48、图3-49）。

图3-47　　　　　　　　图3-48　　　　　　　　图3-49

动作要领：

（1）提膝时，两大腿内侧之间的距离尽量小，踢击腿尽量直线出腿，横踢与前踢类似，但踢击腿运行的轨迹不同；

（2）横踢时支撑脚要以前脚掌为轴，随横踢动作逐渐内旋（约180°），横踢发力时髋关节应展开；

（3）躯干稍向左后倾以保证重心能配合快速转髋；

（4）小腿弹出击打时，脚面一定要绷直，踝关节放松，小腿弹击的瞬间，要有一个制动过程，使击打产生鞭打的效果。

易犯错误：

（1）大小腿折叠角度不够，没有制动，没有鞭打效果；

（2）没有向前提膝，直腿击打，动作隐蔽性和突然性较差；

（3）转体时支撑脚的脚跟没有外展，从而导致上下肢配合不协调、动作脱节；

（4）身体后倒，重心不稳，动作僵硬、不协调、不连贯。

练习方法：

（1）采用分解法，先练习向前提膝送髋、转体、弹击小腿，然后再练习完整的踢击动作技术；

（2）初学者可扶支撑物，反复体会提膝送髋、转体、弹腿的动作技术，待动作正确熟练

后再脱离支撑物,由慢到快地进行完整动作练习;

　　(3)可面对镜子或者在搭档的帮助下纠正错误动作;

　　(4)左、右架实战姿势交替练习,空击动作正确熟练后,再进行击靶练习(见图3-50、图3-51、图3-52)。

图3-50　　　　　　　　　图3-51　　　　　　　　　图3-52

　　实战作用:可用于攻击对方的头部、躯干、大腿部、小腿部。

三、前脚横踢

　　动作方法:右架实战姿势站立,右腿向前垫步,将身体重心移至右腿的同时,左腿屈膝上提使大腿接近水平,膝关节夹紧,动作不间断,以右脚前脚掌为轴,脚跟内旋,上体稍向右侧转体,由转体带动大小腿横向由外向上、向前、向内呈弧线形摆出,力达脚背,绷紧脚背,快速弹出小腿,目视击出脚,击打的瞬间小腿、大腿、腰部基本成直线,动作完成后踢击腿放松、自然落地,并成实战准备姿势。反之,左架准备姿势,踢右腿,动作亦然(见图3-53、图3-54)。

图3-53　　　　　　　　　图3-54

　　动作要领:

　　(1)前脚横踢与横踢动作相似,后支撑脚要配合积极向前移动;

　　(2)动作衔接要紧凑,踢击时迅速伸膝发力,借助转腰的力量加大击打力度;

　　(3)上体不要倾斜过大,踢击的瞬间同侧手应置于大腿外侧,异侧手置于下颌外防守;

　　(4)小腿弹出击打时,脚面一定要绷直,踝关节放松,小腿弹击的瞬间,要有一个制动过程,使击打产生鞭打的效果。

　　易犯错误:

　　(1)身体重心不稳;

（2）出现直腿弹击，动作僵硬、不协调；

（3）打击的力点不准。

练习方法：

（1）侧平举起踢击腿，大小腿折叠，只练弹出小腿，初学者可扶支撑物进行练习；

（2）练习垫步动作；

（3）由慢到快地练习完整的前脚横踢动作技术；

（4）左、右架实战姿势交替练习，空击动作正确熟练后，再进行击靶练习（见图 3 - 55、图 3 - 56）；

图 3 - 55　　　　　　　　　　　　　　　图 3 - 56

（5）可面对镜子或者在搭档的帮助下纠正错误动作。

实战作用：前脚横踢主要用于攻击对方的胸部、腹部、面部和两肋部。也可作为假动作引诱对方，我方伺机进攻，或配合步法进行反击。

四、推踢

推踢属于直线型腿法技术。它具有动作突然、起动较快的特点。实战中主要用于阻截对方的进攻或与其他动作配合进攻，一般情况下，推踢很少直接得分。

动作方法：右架实战姿势站立，右脚蹬地，身体重心移至左脚，随即右脚大小腿夹紧，屈膝提起，左脚以前脚掌为轴外旋约 90°，上体略后仰的同时，右髋向前送，右腿以膝关节为轴迅速水平向前蹬出，力达脚掌，动作完成后右腿自然放松下落，后撤步还原成右架实战准备姿势。反之，左架实战准备姿势踢左腿，动作亦然（见图 3 - 57、图 3 - 58）。

图 3 - 57　　　　　　　　　　　　　　　图 3 - 58

动作要领：

（1）提膝时，大小腿应夹紧，推踢时，腿法运行的路线应是水平向前的；

（2）推踢时髋关节应向前送，利用身体重心的前移来加大腿法的力量。

易犯错误：

（1）击打腿过于僵硬，提膝时没有贴近上体，造成发力不足，力量过小；

（2）击打腿的运行路线不是水平的，上体后仰过大，不易衔接其他腿法。

练习方法：

（1）可先做提膝与推踢的分解练习，待动作熟练正确后再完整练习；

（2）左、右架实战姿势交替练习，空击动作正确熟练后，再进行击靶练习（见图 3-59、图 3-60、图 3-61）；

图 3-59　　　　　　　　图 3-60　　　　　　　　图 3-61

（3）可面对镜子或者在搭档的帮助下纠正错误动作。

实战作用：

用于进攻对方胸部或阻截对方进攻动作。

五、下劈

下劈也称劈腿，是跆拳道技术中比较常用、杀伤力较强的腿法之一，也常作为跆拳道的招牌腿法技术，是运动员进攻和反击对方进攻较常用的动作技术。

动作方法：右架实战姿势站立，右脚蹬地，身体重心前移至左脚，快速提起右大腿，同时左腿向上送髋，使右膝与胸部尽量贴近，身体重心向上，右大腿带动小腿向上摆动，使右脚高举过头，右腿伸直贴近上体，随即右脚脚面稍绷直，右脚迅速向前下方劈落，力点达脚跟或者前脚掌，身体稍后仰并控制重心。动作完成后小腿放松下落，撤步还原成右架实战姿势。反之，左架实战准备姿势踢击左腿，动作亦然（见图 3-62）。

动作要领：

（1）右腿上摆时大腿应放松，踝关节应踢过头顶，身体保持高重心；

（2）动作要迅速有力，同时髋关节上送，踢击腿勾脚尖上摆；

（3）向下劈落时踝关节放松，落地要有所控制。

易犯错误：

（1）起腿高度不够，髋关节没有上送；

（2）上体过分后仰和下劈时膝、踝关节过于紧张，造成动作僵硬；

（3）下落时，没有控制重心，落地太重。

图 3-62

练习方法：

（1）可先扶支撑物练习提腿、提膝和上举腿动作，待熟练后再由慢到快进行完整动作练习；

（2）左、右架实战姿势交替练习，空击动作正确熟练后，再进行击靶练习（见图 3 - 63、图 3 - 64）；

图 3 - 63 图 3 - 64

（3）可面对镜子或者在搭档的帮助下纠正错误动作。

实战作用：用于进攻对方头部、面部、肩部等部位，也可用于反击对方。

六、侧踢

侧踢主要用来阻挡对方进攻，是跆拳道比赛中常用的一个主要防守技术，但不是主要得分动作。它有力量大、速度快、进攻动作直接的特点，主要用于攻击对方的躯干和头部。

动作方法：右架实战准备姿势站立，将重心移至左腿，右脚蹬地屈膝上提，左脚以前脚掌为轴外旋约 180°，右小腿弯曲的同时向左转髋，身体右侧侧对对方，踝关节朝内，勾脚面，迅速伸膝发力展髋，右腿沿直线向右蹬出，力达脚外侧或整个脚掌。踢击动作完成后，右腿迅速放松落地，后撤还原成右架实战准备姿势。反之，左架实战准备姿势踢左腿，动作亦然（见图 3 - 65、图 3 - 66、图 3 - 67）。

图 3 - 65 图 3 - 66 图 3 - 67

动作要领：

（1）提膝时，膝关节夹紧向前直线提起，提膝、转体与踢击要协调、连贯；

（2）踢击时要转体、展髋，上体略侧倾，踢击目标的瞬间，头、肩、腰、髋、膝、腿应在同一平面内；

（3）动作完成后应按原路线返回。

易犯错误：

（1）完成踢击动作时髋关节没有展开，造成肩、髋、踝不在一个平面上；

（2）提膝时大小腿收得不紧，上体侧倾过大，造成重心不稳；

（3）动作僵硬、不协调、不连贯。

练习方法：

（1）在掌握技术要点的情况下，可先扶支撑物练习转体、收腿、提膝、踢击与回收动作，待熟练后再由慢到快进行完整动作练习；

（2）左、右架实战姿势交替练习，空击动作正确熟练后，再进行击靶练习（见图 3 – 68、图 3 – 69）；

图 3 – 68　　　　　　　　　　　　　　　　　图 3 – 69

（3）可面对镜子或者在搭档的帮助下纠正错误动作。

实战作用：

用于攻击对方头部、面部、胸部、腹部和肋部。

七、后踢

后踢技术也是跆拳道比赛中最为常用的技术动作之一，是跆拳道中的转身攻击技术，比赛中可以直接反击或与其他动作配合进攻，运用得当会给对手以重创。目前，规则规定转身技术击打中位得分，这使后踢技术更多地在实战中被使用。

动作方法：右架实战准备姿势站立，重心移至左腿，以左脚前脚掌为轴，左脚跟外旋，身体向右后方转动，同时提起右大腿，使大小腿几乎折叠，脚尖勾起，头部稍向右后方转动，右腿向后平伸后蹬，用脚跟部位击打对方腹部或胸部。击打后，右脚自然下落成左架实战准备姿势，然后右脚后撤还原成右架实战准备姿势。反之，左架实战准备姿势踢击左脚，动作亦然（见图 3 – 70、图 3 – 71、图 3 – 72）。

图 3 – 70　　　　　　　　图 3 – 71　　　　　　　　图 3 – 72

动作要领：

（1）后踢时上体应与踢出的腿在同一平面内，要控制住肩部；

（2）提膝时大小腿应充分回收；

（3）转身、提膝、后踢三个动作要协调、连贯、有力。

易犯错误：

（1）踢击腿路线不直、左右偏斜或出现弧线出腿现象；

（2）击打时肩和上体随之转动，造成动作幅度过大，容易被对方反击；

（3）转身、提膝、后踢三个动作分解，踢击力点不准。

练习方法：

（1）两人一组，由同伴双手扶肩（也可手扶支撑物单独练习）由慢到快地反复练习提膝和后踢动作，领会动作要领并熟悉腿法运行路线后再配合转体动作由慢到快地进行完整动作的练习；

（2）左、右架实战姿势交替练习，空击动作正确熟练后，再进行击靶练习（见图 3 - 73、图 3 - 74、图 3 - 75）；

图 3 - 73　　　　　　　　　　图 3 - 74　　　　　　　　　　图 3 - 75

（3）可面对镜子或者在搭档的帮助下纠正错误动作。

实战作用：可用于进攻对方胸部、腹部或头部，也可用于反击对方的进攻。

第四章　跆拳道品势

第一节　跆拳道品势的基本功

一、基本步型

跆拳道的步型是指在跆拳道练习或实战中站立的姿势和脚步的形状。步型是和步法紧密联系的，它也是品势练习的基础。

1. 并步

两脚并拢，两脚内侧贴紧，身体直立，目视前方，见图 4 - 1。

2. 开立步

两脚左右开立，与肩同宽，两脚尖向外，两臂自然下垂于体侧，身体放松，目视前方，见图 4 - 2。

图 4 - 1　　　　　　　　　　　　　　图 4 - 2

3. 预备势

两脚左右开立，与肩同宽，两脚尖外展，拳面相对，掌心向内，见图 4 - 3。

4. 弓步

弓步也称为屈立步，两脚前后开立，距离大约为本人脚长的 3.5 倍，前腿屈膝半蹲，后腿蹬直。左脚在前时称为左弓步，见图 4 - 4。右脚在前时称为右弓步。

图 4 - 3　　　　　　　　　　　　　　图 4 - 4

5. 行步

　　行步也称为高前屈立或探步，动作是两脚前后开立，姿态与平时走路相似，两膝微内扣，两腿之间的距离约为本人脚长的 1～1.5 倍，重心置于两腿之间。左脚在前时称为左行步，右脚在前时称为右行步，见图 4 - 5。

6. 马步

　　两腿左右开立，距离略大于肩宽，见图 4 - 6。

图 4 - 5　　　　　　　　　　　　　　　　图 4 - 6

7. 半马步

　　半马步也称为三七步或后屈立，动作是两脚左右开立，距离为本人脚长的 3.5～4 倍，后脚脚尖外展，两膝微屈，前脚脚尖向前，身体重心大约 70% 在后腿、30% 在前腿。左脚在前称为左三七步，见图 4 - 7。右脚在前称为右三七步。

8. 虚步

　　两脚前后开立，两膝微屈，前脚脚尖虚点地面，身体重心置于后腿。左脚在前称为左虚步，见图 4 - 8，右脚在前称为右虚步。

图 4 - 7　　　　　　　　　　　　　　　　图 4 - 8

9. 独立步

　　一腿提起，另一腿支撑体重，见图 4 - 9。

10. 交叉步

　　交叉步也称为十字步，交叉步有两种形式：一脚向另一脚的后面插步，脚掌着地，两膝关节交叉，称为后交叉步，见图 4 - 10 -(1)。相反，称为前交叉步，见图 4 - 10 -(2)。

图 4 - 9　　　　　　　　　　　　　　（1）　　　　　　　　　　（2）

　　　　　　　　　　　　　　　　　　　图 4 - 10

二、基本手法

1. 拳法

1）冲拳

　　动作方法：两脚左右开立成马步，抱拳于腰间，拳心向上，随即右手以拳面为力点向前冲出，冲拳的高度约与肩平，左手握拳置于腰间，见图 4 - 11 -（1）。冲拳左右动作方法相同，但方向相反，见 4 - 11 -（2）。

　　动作要点：力达拳面部位。

　　易犯错误：过于向外送肩。

（1）　　　　　　　　　　　　　　　　　　（2）

图 4 - 11

　　纠正方法：冲拳时要保持肩平，上体正直而不要过于前送。

　　实战作用：用于击打对方头部或躯干。

2）劈拳（也称为锤拳）

　　动作方法：两脚左右开立，双手握拳于腹前成品势预备姿势站立，见图 4 - 12 -（1），左手握拳由腹前经右上方向左下抡臂劈击，右手握拳置于腰间，见图 4 - 12 -（2）。劈拳左右动作方法相同，方向相反。

(1)

(2)

图 4 - 12

动作要点：力达拳轮部位，用力要顺达。

易犯错误：动作过于僵硬或幅度过大。

纠正方法：身体放松的情况下由慢到快反复练习。

实战作用：可用于攻击对手头部。

2. 掌法

掌法在传统跆拳道及品势练习中也是比较常见的，常见的掌法有砍拳和插拳两种。

1）砍掌

砍拳也称为手刀砍。按其方法可分为仰掌砍击和俯掌砍击两种。

动作方法：两脚左右开立，双手握拳于腹前成品势预备姿势站立，见图 4 - 13 -（1），左脚向前成左弓步，右手由拳变掌上举至右前方并与头同高，随即右臂前伸并由外向内以右手刀向左前方平砍，掌心向上，见图 4 - 13 -（2）。砍掌左右动作方法相同，方向相反。

(1)

(2)

图 4 - 13

动作要点：力达手刀部位，动作要连贯。

易犯错误：动作幅度过大而没有控制。

纠正方法：面对镜子或在同伴的帮助下，由慢至快反复练习。

实战作用：用于攻击对手颈动脉、锁骨和两肋。

2）插掌

动作方法：两脚左右开立，双手握拳于腹前成品势预备姿势站立，见图 4 – 14 –（1），左脚向前上步成左弓步的同时，右拳由腰间变掌向前伸臂插出，左手握拳于腰间，见图 4 – 14 –（2）。插掌左右动作方法相同，方向相反。如果双手同时插出则称之为双插掌，见图 4 – 14 –（3）。

（1）　　　　　　　（2）　　　　　　　（3）

图 4 – 14

动作要点：力达指尖，动作要连贯。

易犯错误：动作不规范。

纠正方法：要体会腰、腿、肩、臂的协调用力。

实战作用：可用于攻击对手心口、面部和两肋。

三、基本格挡技术

格挡主要指的是接触性的防守技术，这里重点介绍跆拳道品势中的基本格挡方法。实际练习时也可以结合步法进行，如马步格挡、弓步格挡等。

1. 上格挡（上段防守）

动作方法：两脚左右开立，双手握拳于腹前成品势预备姿势站立，见图 4 – 15 –（1），随即左手在上、右手在下内收于胸前，见图 4 – 15 –（2），左手沿身体中线挥臂上提，拳心向前以前臂外侧向上格挡，右手握拳于腰间，见图 4 – 15 –（3）。左右动作方法相同，方向相反。

（1）　　　　　　　（2）　　　　　　　（3）

图 4 – 15

动作要点：力达前臂外侧。

易犯错误：力点错误。

纠正方法：反复体会发力和接触对手的部位，然后由慢到快反复练习

2. 下格挡（下段防守）

动作方法：两脚左右开立，双手握拳于身前成品势预备姿势站立，见图4-16-(1)，随即右手伸直，左手握拳上提并置于右肩前，见图4-16-(2)，左手以前臂外侧为力点沿右手臂向下格挡，右手握拳于腰间，见图4-16-(3)。左右动作方法相同，方向相反。

(1)　　　　　　　　　　(2)　　　　　　　　　　(3)

图4-16

动作要点：力达前臂外侧。

易犯错误：力点错误。

纠正方法：反复体会发力和接触对手的部位，然后由慢到快反复练习。

实战作用：可用于格挡对方对自己躯干正面及由下向上的攻击。

3. 中格挡（中段防守）

中格挡可分为向内中格挡和向外中格挡两种。

1）向内中格挡

动作方法：两脚左右开立，双手握拳于腹前成品势预备姿势站立，见图4-17-(1)，双手向右侧上提至头部，见图4-17-(2)，随即右手以腰转带臂由右向左格挡，左手收于腰间，见图4-17-(3)。左右动作方法相同，方向相反。

(1)　　　　　　　　　　(2)　　　　　　　　　　(3)

图4-17

动作要点：力达前臂外侧。

易犯错误：动作幅度过大。

纠正方法：没有体现制动的力道。格挡时右拳高度在鼻子和下颌之间，肘关节的角度在 90°～110° 之间。

实战作用：可用于格挡对方对自己躯干的攻击。

2）向外中格挡

动作方法：两脚左右开立，双手握拳于腹前成品势预备姿势站立，见图 4 - 18 -(1)，左脚向前上步成左弓步，双手上提至腹前，右手在上，左手在下，见图 4 - 18 -(2)，随即左手前臂外旋以腰带臂向外格挡，右手收于腰间，见图 4 - 18 -(3)。左右动作方法相同，但方向相反。

动作要点：力达前臂内侧。

易犯错误：动作幅度过大。

纠正方法：格挡时，右拳高度在鼻子和下颌之间，肘关节的角度在 90°～110° 之间。

实战作用：可用于格挡对方对自己躯干的攻击。

(1)　　　　　　　　　(2)　　　　　　　　　(3)

图 4 - 18

4. 手刀格挡

动作方法：两脚左右开立，双手握拳于腹前成品势预备姿势站立，见图 4 - 19 -(1)，左脚向前上步成三七步，双手由拳变手刀上举至右侧上方，上臂与肩平，见图 4 - 19 -(2)，随即上体微向左转以腰带臂左手经体前由右向左外侧格挡，格挡时掌心向前，右手置于腹前，见图 4 - 19 -(3)。左右动作方法相同，方向相反。

动作要点：力达双手前臂外侧，向下格挡需有力。

易犯错误：左臂夹角过大或过小造成格挡发力不充分。

纠正方法：左臂夹角应在 130° 左右。

实战作用：可用于格挡对手对自己躯干的攻击。

(1)　　　　　　　　(2)　　　　　　　　(3)

图 4 - 19

四、基本肘法

肘关节是人体关节中硬度最大的关节之一，使用肘关节击打威力很大，尤其是贴身近战时，运用得当会给对手重创。

1）顶肘

动作方法：两脚左右开立，双手握拳于腹前成品势预备姿势站立，见图 4 - 20 -(1)，左脚向前上步成左弓步的同时，左右臂屈肘上提至胸前，右拳变掌抵住左拳拳面，以左肩关节为轴，向前顶击，力达肘尖，见图 4 - 20 -(2)。顶肘的左右动作方法相同，方向相反。

(1)　　　　　　　　　　(2)

图 4 - 20

动作要点：力达肘尖，动作要连贯。

易犯错误：力点错误。

纠正方法：要注意动作方向，应向前顶击而不是向左右攻击。

实战作用：可用于攻击对手的面部。

2）摆肘

动作方法：两脚左右开立，双手握拳于腹前成品势预备姿势站立，见图 4 - 21 -(1)，左脚向前上步成左弓步的同时，右手以肩关节为轴，将肘关节夹紧抬平，由外向内或由内向外用力摆击，左手变掌压住右臂配合摆动，见图 4 - 21 -(2)。摆肘的左右动作方法相同，但方向相反。由外向内摆击时称为内摆肘，由内向外摆击时称为外摆肘，见图 4 - 21 -(3)。

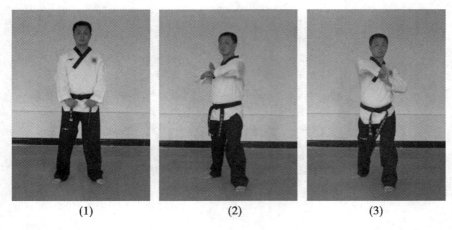

     (1)   (2)   (3)

图 4 - 21

动作要点：摆肘时要拧腰顺肩以增加摆肘的力量。

易犯错误：力点错误。

纠正方法：要注意动作方向。

实战作用：增加肘关节的灵活性，可用于攻击对手的下颌及胸部。

第二节　跆拳道品势套路

  跆拳道的品势（又称型）是指各种攻防技术按照一定的规律和攻防意图组合起来形成规定的动作并进行徒手演练的套路形式。这些动作是不可以随意改变的，而且每一个动作都有一定的攻防含义，就像中国武术套路一样。品势练习时要求运动员要有假想之敌，熟练掌握各种攻防动作，以便在搏击实战中灵活运用。品势套路共有二十四个统一的架型，目前国际上流行的品势套路可分为两大类：一类是晋级品势，主要内容是太极品势，包括八章；另一类是入段品势，有九个套路，依次是高丽、金刚、太白、平原、十进、地路、天拳、汉水和一如。这些品势套路的难度是逐级加大的，而且这些品势都有其固定的套路和固定的动作方向，因此，练习者在学习时一定要严格要求以规范动作。

  晋级品势主要是指太极品势，太极也称为太极型。太极品势是以宇宙哲学观为根本原理，运用太极阴阳学说而组成的动作套路，练习时的动作路线是遵循太极的阴阳八卦进行的，称为太极八章。一般情况下，从十级（低）晋升至一级（高）需要演练从一章（低）至八章（高）的套路。

1. 太极一章

  太极一章象征八卦中的"乾"位。乾的寓意是宇宙中万物的根源，因此太极一章就成为学习跆拳道品势的第一个套路。太极一章共有 18 个动作，主要由上、中、下三段防守和前踢组成，动作较为简单。

  太极一章动作方法准备姿势：两脚左右开立，距离与肩同宽，两手握拳屈臂置于腹前成品势准备姿势站立，见图 4 - 22。

  型 1：身体向左侧转并成前行步站立的同时，左臂上抬至胸前，右臂下截做右下格挡，见图 4 - 23 -(1)，随后左臂下截做左下格挡，右拳收于腰间，见图 4 - 23 -(2)。

图 4 - 22　　　　　　　　　　　　　　　　图 4 - 23

（1）　　　　　　　　（2）

型 2：右脚向前上步成行步站立的同时，右拳向前内旋平冲，左拳收于腰间，见图 4 - 24。

型 3：身体向右转 180°，右脚向右侧上步成行步站立的同时，右臂屈肘置于胸前，左拳向下格挡，见图 4 - 25 -（1）。随即右拳向下格挡，左拳收于腰间，见图 4 - 25 -（2）。

图 4 - 24　　　　　　　　　　　　　图 4 - 25

（1）　　　　　　　　（2）

型 4：左脚向前上步成行步站立的同时，左拳前冲，右拳收于腰间，见图 4 - 26。

型 5：身体左转 90°，左脚向左前方上步成左弓步站立的同时，左拳屈肘下截，右拳收于腰间，见图 4 - 27。

图 4 - 26　　　　　图 4 - 27　　　　　图 4 - 28　　　　　图 4 - 29

型 6：步型不变，右拳向前内旋平冲，左拳收于腰间，见图 4 - 28。

型 7：左脚不动，右脚向前上步成右前行步站立，身体右转的同时，左臂前伸向内做中格挡，拳心向上，右拳收于腰间，见图 4 - 29。

型 8：左脚向前成行步站立，右拳内旋向前平冲，左拳收于腰间，见图 4 - 30。

型 9：以右脚为轴，身体向左后方转 180°，随即左脚向前上步的同时，右臂前伸向内做中格挡，见图 4 - 31。

型 10：右脚向前上步成行步站立，左拳内旋前冲右拳收于腰间，见图 4 - 32。

图 4 - 30　　　　　图 4 - 31　　　　　图 4 - 32　　　　　图 4 - 33

型 11：以左脚为轴，身体右转 90°，右脚向右前方上步成右弓步站立的同时，右手下截做右下格挡，左拳收于腰间，见图 4 - 33。

型 12：步型不变，左拳向前内旋平冲，右拳收于腰间，见图 4 - 34。

型 13：右脚不动，身体左转，左脚向前上步成行步站立，左臂屈肘置于额前，拳心向外做左上格挡，见图 4 - 35。

图 4 - 34　　　　　　　　　　图 4 - 35

型 14：身体重心上提，右脚蹬地做右前踢腿动作，前踢时两拳屈臂收于腰间，见图 4 - 36 -（1），随即右腿下落成右前行步站立，右拳向前内旋平冲，左拳仍置于腰间，见图 4 - 36 -（2）。

（1）　　　　　　　　　（2）

图 4 - 36

　　型 15：以左脚为轴，身体向右后转 180°，右脚上步成右行步站立，右臂屈肘置于额前上方做右上格挡动作，拳心向外，见图 4 - 37。

图 4 - 37

　　型 16：身体重心上提，左脚蹬地做左前踢腿动作，前踢时两拳屈臂置于腰间，见图 4 - 38 - (1)；随即左腿下落成左前行步站立，左拳向前内旋平冲，右拳收于腰间，见图 4 - 38 -(2)。

(1)　　　　　　　　　　　　　(2)

图 4 - 38

　　型 17：以右脚为轴，身体右转 90°，左脚向右侧上步成左弓步站立的同时，左臂向左方下半截做左下格挡动作，右拳收于腰间，见图 4 - 39 -(1)和图 4 - 39 -(2)。

(1)　　　　　　　　　　　　　(2)

图 4 - 39

型 18：右脚向前上步成右弓步站立，右拳向前内旋平冲并发声（呼呀），左拳收于腰间，见图 4 - 40 -(1)和图 4 - 40 -(2)。

(1)　　　　　　　　　(2)

图 4 - 40

收势：以右脚为轴，身体向左侧转体 180°，左脚向后撤步与右脚平行，两手握拳收于腹前，拳心向内，成准备姿势站立，见图 4 - 41。

图 4 - 41

2. 太极二章

太极二章象征八卦中的"兑"位，这套动作看似温柔实则有力，寓意是外柔内刚。太极二章主要由中段进攻和下、上段防守动作组成，共有 18 个动作。

准备姿势：同太极一章。

型 1：身体向左侧转体成前行步站立的同时，左臂上抬至胸前，右臂下截做右下格挡，见图 4 - 42 -(1)，随后左臂下截做左下格挡，右拳收于腰间，见图 4 - 42 -(2)。

(1)　　　　　　　　　(2)

图 4 - 42

型 2：右脚向前上步成右弓步站立，右拳向前内旋平冲，左拳收于腰间，见图 4 - 43。

图 4 - 43

型 3：以左脚为轴，身体向右后方转体 180°，右脚上步成右行步站立的同时，右臂屈肘置于胸前，右拳向下格挡，见图 4 - 44 -(1)，随即右拳向下格挡，左拳收于腰间，见图 4 - 44 -(2)。

(1)　　　　　　　(2)

图 4 - 44

型 4：左脚向前上步成左弓步站立的同时，左拳内旋平冲，右拳收于腰间，见图 4 - 45。

型 5：以右脚为轴，身体向左侧转体，左脚向前上步成左行步站立，见图 4 - 46 -(1)，右臂屈肘向里做内中格挡，拳与胸同高，掌心向自己，左拳收于腰间，见图 4 - 46 -(2)。

(1)　　　　　　　(2)

图 4 - 45　　　　　　　　　　图 4 - 46

型 6：右脚向前上步成右前行步站立，见图 4 - 47 -(1)；同时，左臂屈肘向里做内中格挡，拳与胸同高，拳心向自己，右拳收于腰间，见图 4 - 47 -(2)。

(1)　　　　　　　　(2)

图 4 - 47

型 7：以右脚为轴，身体向左侧转体，同时，左脚向前上步成左行步站立，左臂下截做左下格挡，右拳收于腰间，见图 4 - 48。

图 4 - 48

型 8：身体重心上提，左腿支撑身体，右腿做前踢腿动作，两拳置于腰间，见图 4 - 49 -(1)，右腿下落成右弓步站立的同时，右拳内旋平冲，左拳收于腰间，见图 4 - 49 -(2)。

(1)　　　　　　　　(2)

图 4 - 49

型 9：以左脚为轴，身体向右后转体 180°的同时，右脚向前上步成右行步站立，右臂下截做右下格挡，左拳收于腰间，见图 4－50。

图 4－50

型 10：身体重心上提，右腿支撑，身体左腿做前踢腿动作，两拳置于腰间，见图 4－51－(1)，左腿下落成左弓步站立的同时，左拳内旋平冲，右拳收于腰间，见图 4－51－(2)。

(1)　　　　　　　　　　(2)

图 4－51

型 11：以右脚为轴，身体向左侧转体 90°，左脚向前上步成左行步站立，随即左臂屈肘做左上格挡动作，此时左拳置于额前上方，掌心向外，右拳收于腰间，见图 4－52。

图 4－52

型 12：右脚向前上步成右行步站立，右臂屈肘上架做右上格挡，此时右拳置于额前上方，拳心向外，左拳收于腰间，见图 4 - 53。

图 4 - 53

型 13：以右脚为轴，身体向左后侧转 270°，见图 4 - 54 -（1），同时，左脚向前上步成左行步站立；右臂屈肘向里做内中格挡，左拳收于腰间，见图 4 - 54 -（2）。

（1）　　　　　　　（2）

图 4 - 54

型 14：以左脚为轴，身体向右后侧转体，右脚向前上步成右行步站立，见图 4 - 55 -（1），左臂屈肘向里做内中格挡，右拳收于腰间，见图 4 - 55 -（2）。

（1）　　　　　　　（2）

图 4 - 55

　　型 15：以右脚为轴，向左侧转体，左脚向前上步，左臂下截做左下格挡的同时，右拳收于腰间，见图 4 - 56 -(1)和图 4 - 56 -(2)。

(1)　　　　　　　　　　　　(2)

图 4 - 56

　　型 16：左脚支撑身体，右腿做前踢动作，两拳置于腰间，见图 4 - 57 -(1)和图 4 - 57 -(2)，随即右脚下落成右行步站立；同时，右拳向前内旋平冲，左拳收于腰间，见图 4 - 57 -(3)和图4 - 57 -(4)。

(1)　　　　　(2)　　　　　(3)　　　　　(4)

图 4 - 57

　　型 17：右腿支撑身体，左腿做前踢动作，两拳屈肘置于腰间，见图 4 - 58 -(1)和图4 - 58 -(2)，左腿下落成左行步站立，左拳向前内旋平冲，右拳收于腰间，见图 4 - 58 -(3)和图 4 - 58 -(4)。

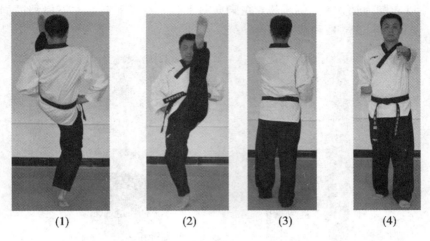

(1)　　　　　　(2)　　　　　　(3)　　　　　　(4)

图 4 - 58

型 18：左腿支撑身体，右腿做前踢腿动作，两拳屈臂置于腰间，见图 4 - 59 -(1)和图 4 - 59 -(2)，右腿下落成右行步站立，右拳向前内旋平冲并发声，左拳收于腰间，见图 4 - 59 -(3)和图 4 - 59 -(4)。

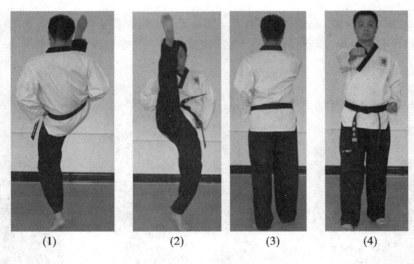

(1)　　　　　　(2)　　　　　　(3)　　　　　　(4)

图 4 - 59

收势：同太极一章。

3. 太极三章

太极三章象征八卦中的"离"位，寓意是火，也就是炎热而光亮的意思。太极三章都是由充满活力和斗志的动作组成的，主要由下、中段防守和正拳、前踢的进攻动作组成。另外，太极三章还增加了手刀的进攻和防守动作，目的是锻炼进攻和防守的敏捷性，太极三章共有 20 个动作。

准备姿势：同太极一章。

型 1：向左侧转体成前行步站立，左臂下截做左下格挡，右拳收于腰间，见图 4 - 60。

型 2：左腿支撑身体，身体重心上提，右腿做前踢腿动作，两拳屈肘置于腰间，见图

图 4 - 60

4 - 61 -(1)，右腿下落成右弓步站立，右拳向前内旋平冲，左拳收于腰间，见图 4 - 61 -
(2)，然后，左拳向前内旋平冲，右拳外旋收回于腰间，见图 4 - 61 -(3)。

　　　　(1)　　　　　　　　　　(2)　　　　　　　　　　(3)

图 4 - 61

　　型 3：以左脚为轴，身体向右后侧转体 180°，右脚向前上步成右前行步站立，右臂下
截做右下格挡，左拳收于腰间，见图 4 - 62。

图 4 - 62

型 4：右腿支撑身体，身体重心上提，左腿做前踢腿动作，两拳屈肘置于腰间，见图 4 - 63 - (1)，左腿下落成左弓步站立，左拳向前内旋平冲，右拳收于腰间，见图 4 - 63 - (2)，然后，右拳向前内旋平冲，形成连续攻击，左拳外旋收回于腰间，见图 4 - 63 - (3)。

　　(1)　　　　　　　　(2)　　　　　　　　(3)

图 4 - 63

型 5：以右脚为轴，身体向左侧转 90°，左脚向前上步成左行步站立，见图 4 - 64 - (1)；随即右拳变手刀，由外向内横砍并与颈齐，肘关节夹角在 130° 左右，左拳收于腰间，见图 4 - 64 - (2)。

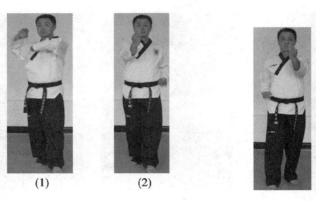

　　(1)　　　　　　　　(2)

　　　　图 4 - 64　　　　　　　　　　　　　图 4 - 65

型 6：右脚向前上步成右行步站立，左拳变手刀，由外向内横砍，高与颈齐，肘关节夹角在 130° 左右，右拳收于腰间，见图 4 - 65。

型 7：以右脚为轴，身体向左侧转体 90°，左脚向前上步，两膝微屈成左三七步站立，左手刀向外格挡并与肩平，右拳收于腰间，见图 4 - 66。

型 8：左脚向前进半步，成左弓步站立，随即右拳向前内旋平冲，左手刀变拳收于腰间，见图 4 - 67。

　　图 4 - 66　　　　　　　图 4 - 67　　　　　　　图 4 - 68

型9：以左脚掌为轴，身体向右后侧转180°的同时，右脚微后撤成右三七步，右拳变手刀向外格挡并与肩平，左拳收于腰间，见图4-68。

型10：右脚向前进半步成右弓步站立，左拳向前内旋平冲，右手刀变拳收于腰间，见图4-69。

型11：以右脚为轴，身体向左侧转体，同时，左脚向前上步成左行步站立，右臂屈肘握拳向内横格，掌心向内，左拳收于腰间，见图4-70。

图4-69　　　　　　　　　　　　　图4-70

型12：右脚向前上步成右行步站立，左臂屈肘，握拳向内横格，拳心向内，右拳收于腰间，见图4-71。

型13：以右脚为轴，身体向左后侧转270°，左脚向前上步成左行步站立，左拳下截做左下格挡，右拳收于腰间，见图4-72。

图4-71　　　　　　　　　　　　　图4-72

型14：左脚支撑身体，右脚做前踢腿动作，两拳置于腰间，见图4-73-(1)，右腿下落成右弓步站立的同时，右拳向前内旋平冲，左拳收于腰间，见图4-73-(2)，随即左拳向前内旋平冲，右拳收于腰间，见图4-73-(3)。

(1)　　　　　　　　(2)　　　　　　　　(3)

图4-73

型 15：以左脚为轴，身体向右后侧转 180°，右脚向前上步成右前行步站立，右拳下截做右下格挡，左拳收于腰间，见图 4 - 74。

图 4 - 74

型 16：右脚支撑身体，左脚做前踢腿动作，两拳置于腰间，见图 4 - 75 -(1)，左脚下落成左弓步站立的同时，左拳向前内旋平冲，右拳收于腰间，见图 4 - 75 -(2)，随即右拳向前内旋平冲，左拳收于腰间，见图 4 - 75 -(3)。

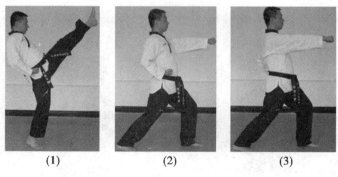

(1)　　　　　　　　(2)　　　　　　　　(3)

图 4 - 75

型 17：以右脚为轴，身体向左侧转 90°，左脚向前上步成左行步站立，左拳下截做左下格挡，右拳收于腰间，见图 4 - 76 -(1)和图 4 - 76 -(2)，步型不变，右拳向前内旋平冲，左拳收于腰间，见图 4 - 76 -(3)和图 4 - 76 -(4)。

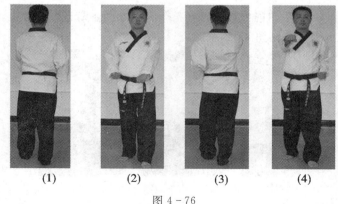

(1)　　　　　(2)　　　　　(3)　　　　　(4)

图 4 - 76

型 18：右脚向前上步成右行步站立，右拳下截做右下格挡，左拳收于腰间，见图 4 - 77 -(1)和图 4 - 77 -(2)；步型不变，左拳向前内旋平冲，右拳收于腰间，见图 4 - 77 -(3)和图 4 - 77 -(4)。

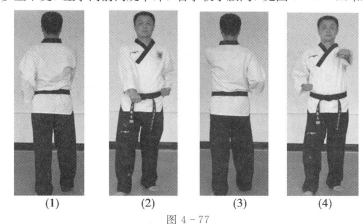

(1)   (2)   (3)   (4)

图 4 - 77

型 19：右脚支撑身体，左脚做前踢腿动作，两拳置于腰间，见图 4 - 78 -(1)和图 4 - 78 -(2)，左腿下落成左前行步站立，左臂下截做左下格挡，右拳收于腰间，见图 4 - 78 -(3)和图 4 - 78 -(4)，步型不变，右拳向前内旋平冲，左拳收于腰间，见图 4 - 78 -(5)和图 4 - 78 -(6)。

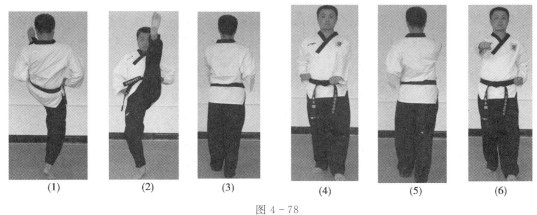

(1)   (2)   (3)   (4)   (5)   (6)

图 4 - 78

型 20：左脚支撑身体，右脚做前踢腿动作，两拳置于腰间，见图 4 - 79 -(1)和图 4 - 79 -(2)，右腿下落成右前行步站立，右臂下截做右下格挡，左拳收于腰间，见图 4 - 79 -(3)和图 4 - 79 -(4)，步型不变，左拳向前内旋平冲并发声，右拳收于腰间，见图 4 - 79 -(5)和图 4 - 79 -(6)。

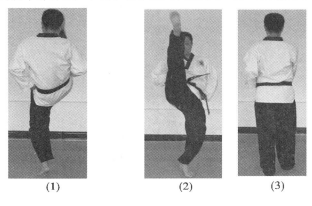

(1)   (2)   (3)

(4)

(5)

(6)

图 4 - 79

收势：同太极一章。

4. 太极四章

太极四章象征八卦中的"震"位，震为雷，寓意是强大的力量，具有警戒心、虔诚的态度和权威。太极四章主要是由手刀的攻防、内外的格挡、防守和前踢等腿法组成的。另外，太极四章还增加了侧踢腿的进攻动作，演练难度较之前三章大一些。太极四章演练时要表现出从容镇定、威严、自信的心理特点。

准备姿势：同太极一章。

型 1：身体向左侧转 90°，左脚向前成左三七步站立，见图 4 - 80 -(1)，同时，两拳变手刀，左手刀向左侧横截并高与肩平，右手刀置于腹前，掌心向上，见图 4 - 80 -(2)。

(1)

(2)

图 4 - 80

型 2：右脚向前上步成右弓步站立，左手向下按掌（防守对方的前踢进攻），右手成掼手（插掌，指尖向前）向前插击，右臂伸直，左掌置于右腋下，见图 4 - 81。

图 4 - 81

　　型3：以左脚为轴，身体向右后侧转180°，右脚向前上步成右三七步站立，见图4-82-(1)，同时，两拳变手刀，右手向右侧横截并高与肩平，左手刀置于腹前，掌心向上，见图4-82-(2)。

(1)　　　　　　　　　　(2)

图 4-82

　　型4：左脚向前上步成左弓步站立，右手向下按掌，左手成掼手向前插击，左臂伸直，右掌置于左腋下，见图4-83。

　　型5：以右脚为轴，身体向左侧转体90°，左脚向前上步成左弓步站立的同时，左臂屈肘置于额前上方，右手刀向内横砍，手心向上（攻击对方的颈部），见图4-84。

图 4-83　　　　　　　　　　图 4-84

　　型6：左腿支撑，右腿向前做前踢腿动作，两手刀变拳置于腰间，见图4-85-(1)，右脚放松下落成右弓步站立，左拳向前内旋平冲，右拳收于腰间，见图4-85-(2)。

(1)　　　　　　　　(2)

图 4-85

　　型 7：以右脚为轴，右脚向外转约 90° 的同时，左腿向前做侧踢动作，力达脚掌，两拳自然置于体侧，见图 4－86。

图 4－86

　　型 8：左脚放松前落，以左脚为轴，左脚向外转约 90° 的同时，右腿向前做侧踢动作，力达脚掌，两拳自然置于体侧，见图 4－87－(1)，右脚放松下落成右三七步的同时，两拳变手刀，右手刀向右侧横截并高与肩平，左手刀置于腹前，掌心向上，见图 4－87－(2)。

(1)　　　　　　　　　(2)

图 4－87

　　型 9：以右脚为轴，身体向左后侧转 270°，左脚向前上步成左三七步站立，左手刀变拳向外横截格挡，拳心向下，右手刀变拳收于腰间，见图 4－88。

图 4－88

　　型 10：左脚支撑身体，右腿做前踢腿动作，两拳置于腰间，见图 4－89－(1)，随即右脚向后落地成左三七步站立，右臂屈肘向内格挡，拳心向上，左拳收于腰间，见图 4 - 89 -(2)。

(1)   (2)

图 4 - 89

型 11：以双脚为轴，身体向右后侧转 180°成右三七步站立，重心落于左脚，右臂屈肘向外横截，做中格挡动作，拳心向下，左拳收于腰间，见图 4 - 90。

图 4 - 90

型 12：右腿支撑身体，左腿做前踢腿动作，两拳置于腰间，见图 4 - 91 -(1)；随即左脚向后落地成右三七步站立，左臂屈肘向内格挡，拳心向上，右拳收于腰间，见图 4 - 91 -(2)。

(1)   (2)

图 4 - 91

型 13：以右脚为轴，身体向左侧转 90°，左脚向前上步成左弓步站立，同时，两拳变手刀，左臂屈肘置于额前上方，右手刀向内横砍，掌心向上，攻击对方的颈部，图 4 - 92 -(1)

和图 4 - 92 -(2)。

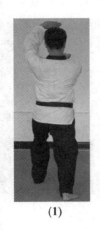

(1)　　　　　　　　　　　　　　　　(2)

图 4 - 92

型 14：左腿支撑身体，右腿做前踢腿动作，两手刀变拳置于腰间，见图 4 - 93 -(1)和图 4 - 93 -(2)；右腿下落成右弓步站立，右臂屈肘向内横格，拳心向上，左拳收于腰间，见图 4 - 93 -(3)和图 4 - 93 -(4)。

(1)　　　　　　(2)　　　　　　(3)　　　　　　(4)

图 4 - 93

型 15：以右脚为轴，身体向左侧转体，左脚向前上步成左行步站立的同时，左拳向内横格，掌心向上，右拳收于腰间，见图 4 - 94。

图 4 - 94

型 16：步型不变，右拳向前内旋平冲，左拳收于腰间，见图 4 - 95。

型 17：以双脚为轴，身体向右后侧转 180°成右行步站立的同时，右臂屈肘外截，掌心向上，见图 4 - 96。

图 4 - 95　　　　　　　　图 4 - 96　　　　　　　　图 4 - 97

型 18：步型不变，左拳向前内旋平冲，右拳收于腰间，见图 4 - 97。

型 19：以右脚为轴，身体向左侧转 90°，左脚向前上步成左弓步站立，左臂屈肘向内横格（中格挡），拳心向上，右拳收于腰间，见图 4 - 98 -（1），步型不变，右拳向前内旋平冲并发声，左拳收于腰间，见图 4 - 98 -（2），动作不停，左拳向前内旋平冲，右拳收于腰间，见图 4 - 98 -（3）。

（1）　　　　　　　　（2）　　　　　　　　（3）

图 4 - 98

型 20：左脚不动，右脚向前上步成右弓步站立，右臂屈肘向内横格，拳心向上，左拳收于腰间，见图 4 - 99 -（1），步型不变，左拳向前内旋平冲，右拳收于腰间，见图 4 - 99 -（2），动作不停，右拳向前内旋平冲，左拳收于腰间，见图 4 - 99 -（3）。

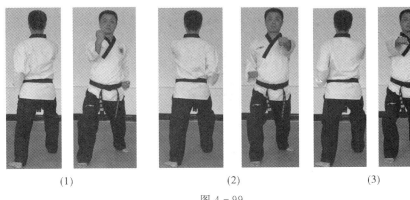

（1）　　　　　　　　（2）　　　　　　　　（3）

图 4 - 99

收势：同太极一章。

5. 太极五章

太极五章象征八卦中的"巽"位，巽的寓意为风，风可以分为微风和强风，微风代表着清静、柔缓，强风代表着迅猛、刚劲、激烈。太极五章前半部分单调安静，后半部分逐渐强烈，在技术形式上除了保持前四章的技术外，还增加了肘法的攻击。演练时前半段要突出单调、安静的动作节奏，后半段则突出强劲有力的节奏特点。太极五章共有以下 20 个动作。

准备姿势：同太极一章。

型 1：身体向左侧转 90°，左脚向前上步成左弓步站立，左臂下截做左下格挡，右拳收于腰间，见图 4－100。

型 2：身体向右侧转 90°；同时，左脚回收成开立步站立，左臂自左下向右、向上、向左弧形摆动成劈拳（锤拳）动作并高与肩平，拳眼向上，目视左拳，右拳收于腰间，见图 4－101。

图 4－100　　　　　　　图 4－101　　　　　　　图 4－102

型 3：身体向右转 90°，左脚向前上步成右弓步站立，右臂下截做右下格挡，左拳收于腰间，见图 4－102。

型 4：身体向左侧转体的同时，右脚回收成开立步站立，右臂自右下向左、向上、向右弧形摆动成劈拳（锤拳）动作并高与肩平，拳眼向上，目视右拳，左拳收于腰间，见图4－103。

图 4－103

型 5：右脚不动，左脚向前上步成左弓步站立，左拳向内横格（内中格挡），拳心向上，右拳收于腰间，见图 4－104－(1)，随即右拳由外向内中格，拳心向上，左拳收于腰间，图4－104－(2)。

(1)　　　　　　(2)

图 4－104

型 6：右腿向前做前踢腿动作，两拳置于腰间，见图 4－105－(1)，右腿放松下落成右弓步站立，右拳由内向外中格，掌心向上，左拳收于腰间，见图 4－105－(2)和图 4－105－(3)，随即左拳由外向内横格，拳心向上，右拳收于腰间，见图 4－105－(4)。

(1)　　　　　　(2)　　　　　　(3)　　　　　　(4)

图 4－105

型 7：左腿向前做前踢腿动作，两拳置于腰间，见图 4－106－(1)，左腿放松下落成左弓步站立，左拳由外向内横格，拳心向上，右拳收于腰间，见图 4－106－(2)和图 4－106－(3)，随即右拳由外向内横格，拳心向上，左拳收于腰间，见图 4－106－(4)。

(1)　　　　　　(2)　　　　　　(3)　　　　　　(4)

图 4－106

型8：右脚向前上步成右弓步站立，见图4－107－(1)，右拳由内向外格挡，拳心向上，左拳收于腰间，见图4－107－(2)。

(1)　　　　　　　　(2)

图4－107

型9：以右脚为轴，身体向左后侧转270°，左脚向前上步成左三七步站立，随即左拳变手刀向外横截，右拳收于腰间，见图4－108。

图4－108

型10：右脚向前上步成右弓步站立，右臂屈肘夹紧，用肘尖由外向内摆击，左手附于右拳拳面，见图4－109。

型11：以左脚为轴，身体向右后侧转180°，右脚向前上步成右三七步站立，右拳变手刀向外横截，左拳收于腰间，见图4－110。

图4－109　　　　　　图4－110　　　　　　图4－111

型12：左脚向前上步成左弓步站立，左臂屈肘夹紧，用肘尖由外向内摆击，右手附于左拳拳面，见图4-111。

型13：以右脚为轴，身体向左侧转，左脚向前上步成左弓步站立，左拳下截做左下格挡，右拳收于腰间，见图4-112-(1)，步型不变，右拳由外向内格挡，拳心向下，左拳收于腰间，见图4-112-(2)。

(1)　　　　　　　　(2)

图4-112

型14：右腿向前做前踢腿动作，两拳置于腰间，见图4-113-(1)，右腿放松下落成右弓步站立，右臂下半截做右下格挡，左拳收于腰间，见图4-113-(2)，随即左拳由外向内横格，拳心向上，右拳收于腰间，见图4-113-(3)。

(1)　　　　　　　(2)　　　　　　　(3)

图4-113

型15：以右脚为轴，身体向左侧转90°，左脚上步成左弓步站立，左臂屈肘至额前上方，右拳收于腰间，见图4-114。

图4-114

型16：以左脚为轴，身体外转180°，右腿向前做右踢腿动作，两臂自然置于体侧，见图4－115－(1)，右脚放松并前落成右弓步站立，随即左臂屈肘夹紧，用肘尖由外向内摆击，右手附于左臂，见图4－115－(2)。

(1)   (2)

图 4－115

型17：以左脚为轴，身体向右后侧转180°，右脚向前上步成右弓步站立，右臂屈肘上架于额前上方，左拳收于腰间，见图4－116。

图 4－116

型18：以右脚为轴，身体外转180°，左腿向前做左踢腿动作，两臂自然置于体侧，见图4－117－(1)，左脚放松并前落成左弓步站立，随即右臂屈肘夹紧，用肘尖由外向内摆击，右手附于左臂，见图4－117－(2)和图4－117－(3)。

(1)   (2)   (3)

图 4－117

　　型 19：以右脚为轴，身体向左侧转 90°，左脚向前成左弓步站立，左臂下截做左下格挡，右拳收于腰间，见图 4 -118 -（1）和图 4 -118 -（2），步型不变，右拳由外向内做右中格挡，拳心向上，左拳收于腰间，见图 4 -118 -（3）和图 4 -118 -（4）。

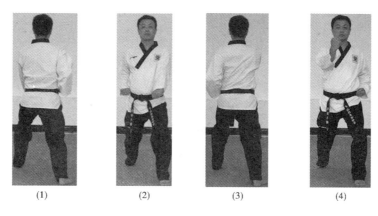

(1)　　　　　　(2)　　　　　　(3)　　　　　　(4)

图 4 -118

　　型 20：左腿支撑身体，右腿向前做前踢腿动作，两拳置于腰间，见图 4 -119 -（1）和图 4 -119 -（2），右腿放松下落，左脚向右脚后侧上步，脚尖着地，成交叉步站立的同时，右拳向外弹击并发声，拳心朝上，左拳收于腰间，见图 4 -119 -（3）和图 4 -119 -（4）。

(1)　　　　　　(2)　　　　　　(3)　　　　　　(4)

图 4 -119

　　收势：同太极一章。

6. 太极六章

　　太极六章象征八卦中的"坎"位，坎的寓意为像水一样柔软、平静而又汹涌澎湃、一泻千里、勇往直前。因此太极六章仿效水的形态，由柔和而又激荡的动作组成，在演练时要突出勇往直前、勇于进取的精神面貌。太极六章共有以下 23 个动作。

　　准备姿势：同太极一章。

　　型 1：身体向左侧转体，左脚向前上步成左弓步站立，左臂下截做左下格挡，右拳收于腰间，见图 4 -120。

图 4 - 120

型 2：右腿向前做前踢腿动作，两拳置于腰间，见图 4 - 121 -(1)，右腿放松向后落步，左脚稍向后撤成左三七步站立，左拳由外向内横截做左中格挡，掌心向下，右拳收于腰间，见图 4 - 121 -(2)。

(1)　　　　　　　　　　(2)

图 4 - 121

型 3：以左脚为轴，身体向右侧转 180°，右脚向前上步成右弓步站立，右臂下截做右下格挡，左拳收于腰间，见图 4 - 122。

图 4 - 122

型 4：左腿向前做前踢腿动作，两拳置于腰间，见图 4 - 123 -(1)，左腿放松向后落步，右脚稍向后撤成右三七步站立，右拳由外向内横截做右中格挡，拳心向下，左拳收于腰间，见图 4 - 123 -(2)。

(1)　　　　　　　　　　　(2)

图 4 - 123

型 5：以右脚为轴，身体向左侧转 90°，左脚向前上步成左弓步站立，右拳变手刀向外横截，掌心向下，左拳收于腰间，见图 4 - 124 -(1)和图 4 - 124 -(2)。

(1)　　　　　　　　　　　(2)

图 4 - 124

型 6：左脚支撑身体，右脚向前做横踢腿动作，两臂屈肘自然垂于体侧，见图 4 - 125。

图 4 - 125

型 7：右脚横踢后下落至左脚后侧，身体向左侧转 90°，左脚向前上步成左弓步站立，左臂屈肘外截，拳心向下，右拳收于腰间，见图 4 - 126 -（1），步型不变，右拳向前内旋平冲，左拳收于腰间，见图 4 - 126 -（2）。

(1)　　　　　　　　　(2)

图 4 - 126

型 8：右腿向前做前踢腿动作，两拳置于腰间，见图 4 - 127 -（1），右脚放松向前下落成右弓步站立，左拳向前内旋平冲，右拳收于腰间，见图 4 - 127 -（2）。

(1)　　　　　　　　　(2)

图 4 - 127

型 9：以左脚为轴，身体向右后侧转180°，右脚向前上步成右弓步站立，右拳外截，拳心向下，左拳收于腰间，见图 4 - 128 -（1）；步型不变，左拳向前内旋平冲，右拳收于腰间，见图 4 - 128 -（2）。

(1)　　　　　　　　　(2)

图 4 - 128

型 10：左腿向前做前踢腿动作，两拳置于腰间，见图 4 - 129 -（1），左脚放松向前下落成左弓步站立，右拳向前内旋平冲，左拳收于腰间，见图 4 - 129 -(2)。

(1)　　　　　　　　　　　(2)

图 4 - 129

型 11：以右脚为轴，身体向左侧转 90°，左脚向左侧上半步成开立步站立，随即两臂由下向上交叉上架于额前上方，左臂在内，右臂在外成十字形格挡，见图 4 - 130 -(1)，步型不变，两拳同时由上向下截击，置于体侧，拳眼向前，见图 4 - 130 -(2)。

(1)　　　　　　　　　　　(2)

图 4 - 130

型 12：左脚不动，右脚向前上步成右弓步站立，见图 4 - 131 -(1)，左拳变手刀向外横截，掌心向下，右拳收于腰间，见图 4 - 131 -(2)。

(1)　　　　　　　　　　　(2)

图 4 - 131

型 13：左脚向前做横踢腿动作，两臂自然置于体侧，见图 4－132。

型 14：左脚放松下落靠近右脚，身体向右后侧转 270°，右脚向前上步成右弓步站立，见图 4－133－(1)，同时，右臂下截做右下格挡，左拳收于腰间，见图 4－133－(2)。

图 4－132   图 4－133

型 15：左腿向前做前踢腿动作，两拳置于腹前，见图 4－134－(1)，左脚向后落步，右脚在前成右三七步站立，右拳外截，拳心向下，左拳收于腰间，见图 4－134－(2)。

图 4－134

型 16：以右脚为轴，身体向左后侧转 180°，左脚向前上步成左弓步站立，左拳下截，右拳收于腰间，见图 4－135。

图 4－135

型 17：右腿向前做前踢腿动作，两拳放松置于腹前，见图 4－136－(1)，右脚向后落步，左脚在前成左三七步站立，左拳外截，拳心向下，右拳收于腰间，见图 4－136－(2)。

(1)　　　　　　　　　　　(2)

图 4 - 136

　　型 18：以左脚为轴，身体向左侧转 90°，右脚向后上步成左三七步站立，左掌变手刀向外横截，右拳变手刀置于腹前，掌心向上，见图 4 - 137。

　　型 19：左腿向后退一步成右三七步站立，右拳变手刀向外横截，左拳变手刀置于腹前，掌心向上，见图 4 - 138。

图 4 - 137　　　　　　　图 4 - 138　　　　　　　图 4 - 139

　　型 20：右腿向后退一步成左弓步站立，左手刀向前置于胸前，掌心向右，右手刀变拳收于腰间，见图 4 - 139。

　　型 21：步型不变，右拳向前内旋平冲，左手刀变拳回收于腰间，见图 4 - 140。

图 4 - 140

型22：左脚向左后侧退一步成右弓步站立，右拳变手刀下按防守于胸前，掌心向左，左拳收于腰间，见图4－141。

图 4－141

型23：步型不变，拧腰转身，左拳向前内旋平冲并发声，右拳收于腰间，见图4－142。

图 4－142

收势：同太极一章。

7. 太极七章

太极七章象征八卦中的"艮"位，艮象征着山，意寓为厚重、坚强、稳重。太极七章的动作要比前六章都复杂得多，演练时要突出强劲的力度，把山的形态表现出来。另外，要控制好动作节奏。太极七章共有以下25个动作。

准备姿势：同太极一章。

型1：身体向左侧转90°，成左虚步站立，右拳变手刀下击置于腹前，掌心向左，左拳置于腰间不动，见图4－143。

图 4－143

型 2：右脚向前做前踢腿动作，右手刀变拳置于体侧，见图 4 - 144 -(1)，右脚向后落步，左脚在前成左虚步站立，左臂内截(以手腕内侧格挡)，右拳收于腰间，见图 4 - 144 -(2)。

(1)　　　　　(2)

图 4 - 144

型 3：以左脚为轴，身体向右后侧转180°，右脚在前成右虚步站立，左拳变手刀下击置于腹前，掌心向右，右拳置于腰间不动，见图 4 - 145。

型 4：左脚向前做前踢腿动作，左手刀变拳置于体侧，见图 4 - 146 -(1)，左脚向后落步，右脚在前成右虚步站立，右臂内截(以手腕内侧格挡)，左拳收于腰间，见图 4 - 146 -(2)。

图 4 - 145　　　　　　　(1)　　　　　(2)

图 4 - 146

型 5：身体向左侧转90°，左脚向前上步成左三七步站立，两拳变手刀，左手刀向下砍截，掌心向下，右手刀置于胸前，掌心向上，见图 4 - 147。

型 6：右脚向前上步成右三七步站立，右手刀向下砍截，掌心向下，左手刀置于胸前，掌心向上，见图 4 - 148。

图 4 - 147　　　　图 4 - 148　　　　图 4 - 149

型 7：以右脚为轴，身体向左侧转体，左脚向前上步成左虚步站立。右掌下击，左拳置于右臂下，拳心向下，见图 4 - 149。

型8：步型不变，右掌变拳向外弹击，见图4－150。

型9：以左脚为轴，身体向右后侧转180°，右脚在前成右虚步站立，左拳变掌下击，右拳置于左臂下，拳心向下，见图4－151。

图4－150　　　　　　图4－151　　　　　　图4－152

型10：步型不变，左掌变拳向外弹击，见图4－152。

型11：右脚不动，左脚向右脚并拢的同时，身体向左侧转体，成并步站立，右手握拳置于胸前，左手盖于右手之上，见图4－153。

型12：左脚向前上步成左弓步站立，在左掌变拳上格的同时右拳下截，拳心向内，见图4－154－(1)，步型不变，右拳上格的同时左拳下截，掌心向内，见图4－154－(2)。

 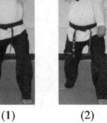

(1)　　　　　　(2)

图4－153　　　　　　　　图4－154

型13：右脚向前上步成右弓步站立，在右拳上格的同时左拳下截，拳心向内，见图4－155－(1)，步型不变，在左拳上格的同时右拳下截，拳心向内，见图4－155－(2)。

(1)　　　　　　　　　　(2)

图4－155

型 14：以右脚为轴，身体向左后侧转体 270°，左脚向前上步成左弓步站立，双拳由下向前上方冲击，拳心向下，见图 4 - 156 -（1），步型不变，双拳变抵掌向前插击，见图 4 - 156 -（2）。

（1）　　　　　　　　　　　　　（2）

图 4 - 156

型 15：右腿屈膝向前撞击，两拳下压，拳心向下，见图 4 - 157 -（1），右脚向前落步的同时，左脚向前上步落于右脚后侧，脚尖着地成交叉步，双拳由下向上冲击，拳心向上，见图 4 - 157 -（2）。

（1）　　　　　　　　　　　　　（2）

图 4 - 157

型 16：左脚向后退一步成右弓步站立，见图 4 - 158 -（1），双臂交叉成十字向下截拳，见图 4 - 158 -（2）。

（1）　　　　　　　　　　　　　（2）

图 4 - 158

型 17：以左脚为轴，身体向右后侧转 180°，右脚向前上步成右弓步站立，两拳由下向前上方冲击，拳心向下，见图 4 - 159 -（1）和图 4 - 159 -（2）。

(1)　　　　　　　　　(2)

图 4 - 159

　　型 18：左腿屈膝向前撞击，两拳下压，拳心向下，见图 4 - 160 -(1)，左脚向前落步的同时，右脚向前上步落于左脚后侧，脚尖着地成交叉步，双拳由下向上冲击，拳心向上，见图 4 - 160 -(2)。

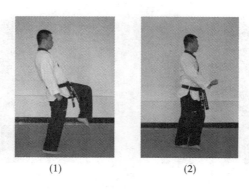

(1)　　　　　　　　　(2)

图 4 - 160

　　型 19：右脚向后退一步成左弓步站立，见图 4 - 161 -(1)，双臂交叉成十字并向下截击（左臂在外，右臂在内），见图 4 - 161 -(2)。

(1)　　　　　　　　　(2)

图 4 - 161

　　型 20：以右脚为轴，身体向左侧转 90°，左脚向后撤步，成并步站立，左拳向前劈拳，右拳收于腰间，见图 4 - 162 -(1)和图 4 - 162 -(2)。

(1)　　　　　　(2)

图 4 - 162

型 21：右脚向内弧线摆腿（里合腿），左手在胸前迎击右脚掌，见图 4 - 163 - (1) 和图 4 - 163 - (2)，右脚下落成马步站立，右臂屈肘夹紧以肘尖为力点向内横击，左手按于右臂处，见图 4 - 163 - (3) 和图 4 - 163 - (4)。

(1)　　　　(2)　　　　(3)　　　　(4)

图 4 - 163

型 22：右脚不动，左脚向右脚内侧撤步成并立步站立，右拳向下劈拳，左拳收于腰间，见图 4 - 164 - (1) 和图 4 - 164 - (2)。

(1)　　　　　　(2)

图 4 - 164

型 23：左脚向内弧线摆腿，右手在胸前迎击左脚掌，见图 4 - 165 - (1) 和图 4 - 165 - (1)，左脚下落成马步站立，左臂屈肘夹紧，以肘尖为力点向内横击，右手按于左臂处，见图 4 - 165 - (3) 和图 4 - 165 - (4)。

图 4 - 165

型 24：步型不变，左拳变手刀向外横截，右拳收于腰间，见图 4 - 165 -(1)和图 4 - 166 -(2)。

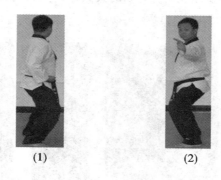

图 4 - 166

型 25：以左脚为轴，身体左转，右脚向前上步成马步站立，右拳向右侧内旋平冲并发声，左拳收于腰间，见图 4 - 167 -(1)和图 4 - 167 -(2)。

图 4 - 167

收势：同太极一章。

8. 太极八章

太极八章象征八卦中的"坤"位，坤象征着大地，寓意为万物生长的根源。太极八章为晋级品势（无段者）的最后一个章节，同时也是入段的开始。太极八章是对前面学过的内容的整理和复习，故动作重复减少而变化增多，演练时，要体会大地厚德载物的精神。太极八章共有以下 24 个动作。

准备姿势：同太极一章。

型 1：右脚不动，左脚向前上步成左三七步站立，左拳向外格挡，右拳置于胸前，见图

4 - 168 -（1），身体重心前移至左脚成左弓步站立，右拳向前内旋平冲，左拳收于腰间，见图 4 - 168 -（2）。

(1)　　　　　　　　　　　(2)

图 4 - 168

　　型 2：右腿屈膝上摆，左腿顺势向上做腾空前踢并发声，见图 4 - 169 -（1）和图 4 - 169 -（2），双腿落地成左弓步站立，左臂向内截击（中格挡），右拳收于腰间，见图 4 - 169 -（3），随即右拳内旋平冲，左拳收于腰间，见图 4 - 169 -（4），动作不停，左拳内旋平冲，右拳收于腰间，见图 4 - 169 -（5）。

(1)　　　　(2)　　　　(3)　　　　(4)　　　　(5)

图 4 - 169

　　型 3：右脚向前上步成右弓步站立，右拳向前内旋平冲，左拳收于腰间，见图 4 - 170。

图 4 - 170

　　型 4：以右脚为轴，身体向左后侧转 180°，左脚迈向左侧方向，身体重心落于右腿，并成右弓步站立，左臂下截与髋平的同时，右臂屈肘上格，并与头平，见图 4 - 171。

型 5：身体向左侧转 90°，身体重心移至左腿成左弓步站立，右拳由下向上做勾拳动作（动作缓慢而有力），拳心向上，左臂屈肘置于胸前，见图 4－172。

图 4－171　　　　　　　　　　　图 4－172

型 6：左脚向前经右脚上步成交叉步站立，双臂向体侧格挡，拳心向里，见图 4－173－(1)，随即右脚向后撤步成左弓步站立，右臂下截且高与髋平的同时，左臂屈肘上格且与头平，见图4－173－(2)。

(1)　　　(2)

图 4－173

型 7：身体向右侧转 90°，成右弓步站立，左拳向上做勾拳动作(动作缓慢而有力)，右拳置于胸前，见图 4－174。

型 8：以左脚为轴，身体向左后侧转 270°，右脚向后退步成左三七步站立的同时，两拳变手刀，左手刀向外横截，右手刀置于胸前，手心向上，见图 4－175。

图 4－174　　　　　　　　　　　图 4－175

型 9：右脚不动，左脚向前上步成左弓步站立，两手变拳，右拳向前内旋平冲，左拳置于腰间，见图 4－176。

型 10：右腿向前做前踢腿动作，两拳置于腰间，见图 4 - 177 -（1），右脚落回原处的同时左腿向后撤步成右虚步站立，同时，右手刀下截，左手刀收于腰间，见图 4 - 177 -（2）。

（1）　　　　（2）

图 4 - 176　　　　　　　　　　图 4 - 177

型 11：以右脚掌为轴，身体向左侧转 90°，左脚向前上步成左虚步站立，左手刀向外横截，右手刀置于胸前，见图 4 - 178。

型 12：左脚向前做前踢腿动作，两拳置于腰间，见图 4 - 179 -（1），左脚放松前落成左弓步站立，右拳向前内旋平冲，左拳收于腰间，见图 4 - 179 -（2）。

（1）　　　　（2）

图 4 - 178　　　　　　　　　　图 4 - 179

型 13：右脚不动，左脚稍向后撤步成左虚步站立，左拳变手刀，以掌根为力点由外向内拍击，右拳置于腰间，见图 4 - 180。

型 14：以左脚为轴，身体向右后侧转 180°，成右虚步站立，右手刀向外横击，左手刀置于胸前，见图 4 - 181。

图 4 - 180　　　　　　　　　　图 4 - 181

型15：右腿做前踢腿动作，两手置于腰间，见图4－182－(1)，右腿向前下落成右弓步站立，两手刀变拳，左拳向前内旋平冲，右拳收于腰间，见图4－182－(2)。

(1)　　　　　　　　(2)

图4－182

型16：左脚不动，右脚稍向后撤步，身体重心移至左腿成右虚步站立，右拳变手刀向下拍击，左拳收于腰间，见图4－183。

型17：左脚不动，身体向右转90°，右脚向前上步，成右三七步站立，右手刀变拳向右下格挡，左拳收于腰间，见图4－184－(1)和图4－184－(2)。

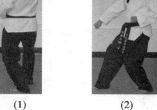

(1)　　　　　　　　(2)

图4－183　　　　　　　　　　图4－184

型18：左脚向前做前踢腿动作，见图4－185－(1)，在左脚下落的瞬间身体腾空做右脚前踢动作并发声，见图4－185－(2)，双脚下落成右弓步站立，右拳由外向内横格，拳心向上，左拳收于腰间，见图4－185－(3)和图4－185－(4)，步型不变，左拳向前内旋平冲，右拳收于腰间，见图4－185－(5)和图4－185－(6)。

(1)　　　　(2)　　　　(3)　　　　(4)　　　　(5)　　　　(6)

图4－185

型 19：以右脚为轴，身体向左后侧转 270°，左脚上步成左虚步站立，左拳变手刀向外横截，右拳收于腰间，见图 4－186。

型 20：左脚向前上步成左弓步站立，左手刀变拳，右臂屈肘夹紧，以肘尖为力点由外向内横击，左拳收于腰间，见图 4－187。

图 4－186　　　　　　　　　图 4－187

型 21：步型不变，右拳向前弹击，拳心向上，力达拳背，见图 4－188－(1)，随即左拳向前内旋平冲，右拳收于腰间，见图 4－188－(2)。

(1)　　　　　　　　　　(2)

图 4－188

型 22：身体向右侧转 180°，右脚稍向后撤步成右虚步站立，右拳变手刀向外横截，左拳收于腰间，见图 4－189。

型 23：右脚向前上步成右弓步站立，右手刀变拳，左臂屈肘夹紧，以肘尖为力点由外向内横击，右拳收于腰间，见图 4－190。

图 4－189　　　　　　　　　图 4－190

型 24：步型不变，左拳向前弹击，掌心向上，力达拳背，见图 4－191－(1)，随即，右拳向前内旋平冲并发声，左拳收于腰间，见图 4 - 191 -(2)。

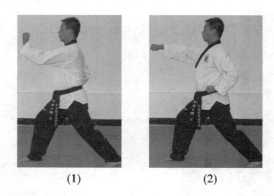

(1)　　　　　　　　(2)

图 4 - 191

收势：身体向左侧转体，左脚向右脚并拢，其他同太极一章。

第五章　跆拳道裁判

本章以 2013 年跆拳道规则为主要内容，主要讲解跆拳道竞技比赛和品势比赛的规则和临场制裁方法。

第一节　竞技规则和裁判法

竞技跆拳道运动经过 40 多年的发展，特别是经过悉尼、雅典、北京、伦敦四届奥运会的磨炼，其竞赛理论、竞赛规则以及裁判方法更加科学、严谨、规范，这些发展不仅促进了跆拳道战术创新，也使比赛更加公正、公平、精彩和激烈。

我国自 1994 年正式开展跆拳道项目以来，竞赛理论、竞赛规则和裁判方法的研究和制定经历了"学习引进—适应完善—研究创新"的发展过程，总体的指导思想是力求搭建公平、公正、公开的国内竞赛平台，体现并倡导"国内练兵、一致对外"的思想。实践证明，坚持这一正确的指导思想，充分发挥竞赛的杠杆作用，能够促进我国跆拳道运动不断发展壮大。

为了增强跆拳道比赛的观赏性和公正性，并备战国际大赛，依据世界跆拳道联合会 2012 年 12 月 26 日颁布的跆拳道竞赛规则及解释，结合国内跆拳道竞赛的实际情况以及我国跆拳道运动员参与国际大赛的需要，中国跆拳道协会对现行的竞赛规则及解释进行了修订，正式颁布新的《跆拳道竞赛规则及解释（竞技）》，原竞赛规则同时废止。

一、总则

《跆拳道竞赛规则及解释（竞技）》下文（下文简称本规则）是依据世界跆拳道联合会（WTF，简称世跆联）所颁布的竞赛规则及解释并结合中国跆拳道运动发展的实际情况所制定的。

本规则的核心条款和内容全部依据世跆联所颁布的最新竞赛规则及解释，部分条款结合中国跆拳道运动发展的实际情况以及国内竞赛工作的任务与目的等进行了补充和完善。

本规则是中国跆拳道协会（简称中国跆协）以及所属团体会员在中国境内主办或组织的所有跆拳道竞赛所使用的统一规则，目的是保证竞赛公平顺利进行，并确保本规则在竞赛中得到执行和应用。

制定本规则的目的是保证全国范围内的跆拳道竞赛规范化，所有不符合此基本规则的竞赛均不被视为跆拳道竞赛。

二、适用范围

本规则适用于中国跆协及其所属团体会员在中国地区举办的各级、各类跆拳道竞赛。如需改动有关条款，需经中国跆协批准。

任何团体会员如需更改本规则的某项条款，必须在规定比赛时间的 1 个月之前将更改内容及其更改理由报中国跆协审批。

体重级别、裁判员人数、检查台、记录台、临场医务台人员、比赛时间等条款内容可经中国跆协批准后更改，但"有效得分"、"警告"、"扣分"、"比赛场地"等条款在任何情况下不得更改。

三、比赛区

比赛场馆至少应有 2000 个座位，场馆地面面积至少为 40 米×60 米，以便能给观众和运动员提供最佳的视觉和听觉效果。场馆地面到天花板的高度应在 10 米以上。场馆内照明应在 1500 ～ 1800 勒克斯之间，由场馆顶部直接照射到比赛场地。

比赛区应为 8 米×8 米、水平、无障碍物、正方形的场地，或由中国跆协批准使用的其他规格的比赛场地。

必要时，可根据实际需要将比赛区置于一定高度的平台上。为保证运动员的安全，比赛台与地面的高度应为 0.6 ～ 1 米，比赛台场地边界线外应有与地面夹角小于 30°的斜坡。比赛区域应铺设有弹性、平整的由中国跆协监制或指定的专用比赛垫，颜色搭配上必须避免刺眼或引起运动员和观众视觉疲劳的颜色，且应与运动员的护具、服装、垫子表面颜色协调一致。

1）比赛区的划分

（1）8 米×8 米的区域称为比赛区，用蓝色标注。

（2）比赛区的外缘线称为边界线。

（3）比赛记录台和临场医务台面对比赛区的边缘线为第 1 边界线。顺时针旋转依次为第 2、第 3、第 4 边界线。

（4）边界线以外需铺设比赛垫，以保护运动员的安全，其尺寸大小可根据比赛的实际情况确定，宽度为 1～ 2 米，边界线外的保护区用红色或黄色标注。

（5）比赛区应是 8 米×8 米的正方形，环绕比赛区域应有至少 2 米宽的安全区域。因此，一片比赛场地的面积至少为 12 米×12 米。

2）位置

（1）主裁判员的位置：距离比赛区中心点向第 3 边界线方向 1.5 米处。

（2）边裁判员位置：1 号边裁判员在第 1、2 边界线夹角，面向比赛区中心点向后 0.5 米处；2 号边裁判员在第 2、3 边界线夹角，面向比赛场地中心点向外 0.5 米处；3 号边裁判员在第 3、4 边界线夹角，面向比赛场地中心点向外 0.5 米处；4 号边裁判员在第 4、1 边界线夹角，面向比赛场地中心点向外 0.5 米处。如果比赛设三名边裁判员，则 1 号裁判员在第 1、2 边界线夹角，面向比赛区中心点向后 0.5 米处；2 号边裁判员的位置在第 3 边界线中心点外 0.5 米处，并正对比赛场地中心；3 号边裁判员在第 4、1 边界线夹角，面向比赛场地中心点向后 0.5 米处。

（3）记录台位置：置于第 1 边界线向后至少 2 米处，面向比赛场地，并距离第 1、2 边界夹角 2 米。

（4）医务台位置：置于第 1 边界线右侧向外至少 3 米处。

（5）运动员位置：运动员的位置是相对的两点，即距离比赛区域中心点各 1 米，距离第 1 边界线 4 米处（青方距离第 2 边界线 3 米，红方距离第 4 边界线 3 米）。

　　(6)教练员位置：位于本方运动员一侧的边界线中心点向后 1 米处。比赛期间，教练员不得离开 1 米×1 米的教练员指定区域。

　　(7)检查(检录)台位置：检查(检录)台位于比赛场地入口处附近。

　　在检查台，裁判员需检查运动员所穿戴的护具装备是否经中国跆协认可，尺寸大小、穿戴松紧程度等是否合适，如不合适，则要求运动员更换合适的护具。

　　3) 赛场环境

　　(1)为参赛运动员提供适当面积的热身区域和检录区域。

　　(2)比赛场地的高度、亮度、温度和湿度均要适于运动员进行比赛。

　　(3)具备必要的医疗救护设施和措施。

　　(4)提供比赛所需的比赛景观和体育展示及其他环境和设施。

　　(5)录像审议用摄像机的位置：具备 3 台摄像机的情况下，两台摄像机摆放在 2 号边裁判员两侧边角外 1 米位置，1 台摄像机摆放在 2 号边裁判员斜前方边界线外 1 米位置。

　　裁判员必须充分理解"比赛区"的定义，并在比赛中掌握好尺度，避免过多中断比赛。

四、运动员和教练员

1. 运动员资格

运动员必须同时具备以下条件方可参加中国跆协所举办的赛事：

　　(1)必须是中国跆协的个人会员，其代表的参赛运动队属于在中国跆协注册的团体会员。

　　(2)当年度在中国跆协登记注册有效。

　　(3)持有中国跆协颁发或经中国跆协推荐获得国技院(以下类同)或世跆联颁发的相应段位证书。

　　(4)持有中国跆协颁发或经中国跆协推荐获得国技院或世跆联颁发的相应段位、级位证书。

　　(5)参加青少年比赛的运动员年龄符合中国跆协颁布的竞赛规程的规定。

　　(6)无违反《跆拳道竞赛纪律处罚条例》的行为。

　　(7)参加中国跆协各级团体会员和地方协会举办的比赛必须符合当地协会的各项规定和要求。

　　(8)参赛运动员必须为中国跆协的个人会员，并只能代表在中国跆协注册的某一个团体会员单位参赛。依据是当年在中国跆协进行年度注册的注册文件和相应证明。

　　(9)通常全国青年锦标赛的年龄限制为 14～17 周岁，以比赛当年的年份计，而并不按日期计算。例如，比赛日期为 2004 年 9 月 9 日，出生日期为 1987 年 1 月 1 日～1990 年 12 月 31 日期间的运动员有资格参加比赛。

2. 教练员资格

教练员必须同时具备以下条件方可在中国跆协所举办的赛事中担任教练员：

　　(1)必须是中国跆协的个人会员，其代表的参赛运动队属于在中国跆协注册的团体会员。

　　(2)持有中国跆协颁发的教练员资格证书，并通过中国跆协当年的年度审核。

　　(3)持有中国跆协颁发或经中国跆协推荐获得国技院或世跆联颁发的相应段位证书。

（4）参加并通过中国跆协举办的教练员培训班的考核。

（5）参加中国跆协各级团体会员、地方协会举办的比赛必须符合当地协会的各项规定和要求。

3. 比赛服装和护具

（1）运动员穿着和佩戴的道服和护具必须由中国跆协指定或认可。

（2）运动员比赛时需佩戴护具、头盔、护裆、护臂、护腿、护齿、手套、感应脚套（在使用电子护具的情况下），其中，护裆、护臂、护腿应穿戴在道服内，除了头盔，头部不得佩带其他物品。与宗教信仰相关的物品，应提前获得许可并佩戴在头盔或道服内。护齿的颜色只能是白色或透明。如果有医生诊断证明使用护齿会对运动员造成伤害，该名运动员可不戴护齿。

（3）跆拳道比赛道服、护具及其他装备的具体要求应分别指定。护具的大小和运动员的级别相对应。同一级别的运动员穿戴相同尺寸的护具参加比赛。

（4）教练员在赛场执教时，必须穿着规范的运动服和运动鞋。严禁教练员穿着与比赛不相适应的衣着入场执教。赛事组委会应根据所需比赛装备的数量，负责准备比赛所需装备。

4. 药物控制

（1）在由中国跆协举办和认可的各类跆拳道比赛中，禁止携带、使用和提供国际奥委会（IOC）禁用的药品和使用禁用的方法。

（2）中国跆协有责任委托中国奥委会反兴奋剂委员会随时对运动员进行药检。

（3）赛事组委会必须无条件配合药检工作。

（4）任何拒绝药检或药检证明违反有关规定者，取消其比赛成绩，其他人的比赛成绩按顺序递补。同时，按《中国跆拳道协会兴奋剂违规处罚办法》予以处罚。

5. 责任与义务

（1）比赛中发生伤害和死亡事故时，不得向主办方、组织方、对方运动员追究责任。过失行为导致的事故应追究过失方的责任。

（2）各级各类跆拳道竞赛应当统一为运动员办理跆拳道专项保险。

五、体重级别

1. 体重分为男、女级别

男、女运动员分别在各自的性别和级别组进行比赛，这是最基本的原则。

2. 体重分级

跆拳道竞赛是运动员通过直接身体接触、身体对抗决定胜负的项目。为了保护运动员的安全，使运动员在公平竞争的条件下使用技术，世跆联设置了体重分级体系。

（1）成年跆拳道锦标赛、冠军赛：

男子：54 kg 以下、54～58 kg、58～63 kg、63～68 kg、68～74 kg、74～80 kg、80～87 kg、87 kg 以上。

女子：46 kg 以下、46～49kg、49～53 kg、53～57 kg、57～62 kg、62～67 kg 、67～73 kg、73 kg 以上。

（2）奥运会、全运会：

男子：58 kg 以下、58～68 kg、68～80 kg、80 kg 以上。

女子：49 kg 以下、49～57 kg、57～67 kg、67 kg 以上。

（3）世界青年锦标赛、全国青年锦标赛：

男子：45 kg 以下、45～48 kg、48～51 kg、51～55 kg、55～59 kg、59～63 kg、63～68 kg、68～73 kg、73～78 kg、78 kg 以上。

女子：42 kg 以下、42～44 kg、44～46 kg、46～49 kg、49～52 kg、52～55 kg、55～59 kg、59～63 kg、63～68 kg、68 kg 以上。

3. 对体重"以上"和"以下"的界定

称量体重的精确程度以小数点之后的百分位为测量标准，例如：50 kg 以下级的称量标准，49.99 kg、50.00 kg、50.009 kg 均为合格，50.01 kg 为不合格。再如 50 kg 以上级的称量标准，49.99 kg 为不合格，体重从 50.01 kg 起为合格，依次类推。

六、比赛的种类和方法

1. 比赛种类

（1）个人赛：一般在相同体重级别的运动员之间进行，运动员在一次赛事中只允许参加一个级别的比赛。

（2）团体赛：

① 按体重级别进行 5 人制团体赛，级别如下：

男子：54 kg 以下、54～63 kg、63～72 kg、72～82 kg、82 kg 以上。

女子：47 kg 以下、47～54 kg、54～61 kg、61～68 kg、68 kg 以上。

② 按体重级别进行 8 人制团体赛。

③ 按体重级别进行 4 人制团体赛（将 8 个体重级别中相邻两个级别合并成为 4 个级别）。

2. 比赛方式

（1）单淘汰赛；

（2）复活赛；

（3）循环赛或其他赛制。

3. 赛制

赛制包括全运会在内的综合性运动会的跆拳道比赛一般采用个人赛制。

4. 参赛队（人）数

国内举行的所有跆拳道比赛，参赛运动队不能少于 4 支队伍。每个级别的参赛运动员不能少于 4 人，少于 4 人的参赛级别比赛成绩无效。

七、比赛时间

比赛时间是指每场比赛设置 3 局，每局比赛 2 分钟，局间休息 1 分钟。比赛时间和比赛局数也可根据实际情况做相应调整，由比赛技术代表决定调整为每局比赛 1 分钟或 1 分半钟，或调整为每场比赛设置两局。

可根据特殊需要对局数、比赛时间及休息时间进行调整，但每局比赛（包括加时赛）2 分钟的时间规定原则上不能改动。

八、技术会议与抽签

1. 技术会议

（1）比赛开始的前 1～2 天召开由技术官员、各参赛队领队及教练员参加的技术会议。

（2）技术会议中，由技术代表或其他技术官员就比赛相关事宜进行说明，并主持抽签工作。

（3）技术会议上所公布的内容以及决定的事项必须符合本规则的规定，并且和竞赛规则具有同等法律效力。

2. 抽签

（1）抽签方式包括电脑抽签和人工抽签

（2）抽签的方法和顺序由技术代表决定。

（3）技术代表或其指定人员代替未出席技术会议的参赛队进行抽签。

（4）抽签结果由技术代表签字确认，确认后不得变更。

九、称重

1. 称重方式

按级别于比赛前 1 天进行称重。称重时间由赛事组委会确定并在技术会议上通知参赛队赛前一天称重，称重时间不超过 2 小时。比赛当日的参赛选手是指按赛事组委会或中国跆协规定的比赛日程，在预定日期进行比赛的参赛选手。

2. 称重时间和地点

称重时间和地点由赛事组委会决定。称重必须在 2 小时内完成。如称重不合格，在 1 小时内有一次补称机会。如果运动员正式称重不合格，不能获得基础分。

3. 称重服装要求

称重时，男运动员着内裤，女运动员着内裤和胸罩。如运动员要求，可允许裸体称重。

4. 称重器材

赛事组委会应提供试称用的体重秤（误差不得超过 0.01 kg），放置于运动员驻地或训练场馆。试称用的体重秤必须与正式的体重秤型号相同，并具有相同的精确度，在赛前由赛事组委会核对无误。

5. 称重条件

运动员须持有效参赛证件参加称重，否则按称重不合格计

6. 监督与确认

（1）称重的各个环节须由裁判员和赛事组委会指定的工作人员共同执行。如有必要，可由参赛队代表进行监督。

（2）称重的结果须经技术代表或指定技术官员签字确认，确认后不得更改。

十、比赛程序

1. 检录

比赛开始前 30 分钟，检录处开始检录，宣告该场参赛运动员名字 3 次，运动员在规定时间内持有效参赛证件到检录区进行身份确认，穿戴并测试护具，等候赛前检查。

2. 检查

检录后，运动员、教练员及队医必须接受包括至少 1 名裁判员在内的技术官员对其进行身体、服装、护具及用品的检查。检查合格后，在指定区域等候入场。

（1）运动员、教练员及队医不得携带任何可能造成伤害的物品进入比赛场地，并不得有任何不服从检查的态度或行为。

（2）除非有赛事组委会医务监督证明，运动员不得使用任何脚部包裹物。

（3）比赛在使用电子护具的情况下，在检录检查区应检查电子护具系统和双方运动员佩戴的感应脚套是否能正常使用。

3. 点名

比赛开始前 3 分钟开始点名，每分钟点名 1 次，共点名 3 次。比赛开始后 1 分钟仍未到场者按弃权处理。

4. 入场

点名后，运动员和 1 名教练员进入比赛场地指定位置，并允许 1 名队医同时入场。

随运动员入场比赛的队医必须持有效的队医执照或证件，教练员不允许替代队医入场。

5. 比赛开始和结束

（1）每场比赛开始前，主裁判员给出"青（chung）"、"红（hong）"口令，示意双方运动员进入比赛区；如果在主裁判员发出"青"、"红"口令示意运动员进场时，有一方参赛运动员没有出现，或者仍在教练员区域没有做好比赛准备，包括佩戴保护装备、穿戴道服等，该名运动员将被视为退出比赛，主裁判员应宣布对方获胜。

（2）双方运动员相互站立，听到主裁判员发出"立正（Cha-ryeot）"和"敬礼（Kyeon-grye）"的口令后，应互相敬礼。敬礼时自然站立，左臂紧夹头盔，腰部前屈不小于 30°，头部前屈不小于 45°。敬礼完毕后，运动员戴上头盔。

（3）主裁判员发出"准备（Joon-bi）"和"开始（Shivjak）"口令，则比赛开始。

（4）由主裁判员发出"开始"口令，则开始每局比赛；发出"停（Keu-man）"口令，则结束比赛。即使主裁判员没有发出"停"的口令，比赛仍将按照规定的时间结束。

（5）最后一局比赛结束后，运动员相对站在各自指定位置脱下头盔并用左臂夹紧。主裁判员发出"立正"和"敬礼"的口令后，运动员相互敬礼，等待主裁判员宣判比赛结果。

（6）主裁判员举起获胜方一侧的手臂，面向记录台宣判。

（7）双方运动员退场。

6. 团体赛程序

（1）两个参赛队的所有运动员在指定位置相向站立，按边界线方向顺序排列。

（2）比赛开始前和结束后的程序按第十条第 5 款规定进行。

（3）双方运动员需到比赛场外指定位置等候上场。

（4）比赛全部结束后，双方运动员进场，相向列队站立。

（5）主裁判员宣判比赛结果后，双方运动员退场。

十一、允许使用的技术、允许攻击的部位

1. 允许使用的技术

（1）拳的技术：即紧握拳并使用正拳进行正面攻击的技术。跆拳道传统技术中，"正拳

(Pa-run-ju-mok)"就是使用紧握的拳正面，迅速、有力地直线攻击对方躯干正面的技术。

（2）脚的技术：即使用踝关节以下脚的部位进行攻击的技术。使用踝关节以下脚的部位所进行的攻击技术是合法的技术，使用踝关节以上腿的部位，如小腿、膝关节等所进行的任何攻击是被禁止的。使用电子护具的比赛，电子脚套的感应部位由世界跆拳道联合会决定。

2. 允许攻击的部位

（1）躯干：允许使用拳和脚的技术击打被护具包裹的躯干部位，禁止攻击对方后背脊柱。被护具包裹的腋窝与髋关节之间的部位是允许被攻击的合法部位。基于此，运动员比赛时须穿戴与其体重级别相对应的护具。同一级别的双方运动员应穿戴同一型号的护具；若因运动员体型差异太大需穿戴不同型号的护具，须先经技术代表批准。

（2）头部：允许使用脚的技术击打对方锁骨以上的部位。为保护运动员的人身安全，拳的技术只允许击打护具包裹部位中灰色以下部分。

十二、得分

1. 得分条件

使用允许的技术，准确、有力地击中得分部位时得分。

"准确"：合法的攻击技术完全或最大限度地接触对方运动员允许被合法攻击的目标范围之内。

"有力"：人工计分时，由边裁判员对击打力度进行判定；使用电子感应护具时，由电子感应护具中的电子感应器测量击打力度，根据体重级别、性别差异设定不同的力度标准。

2. 得分部位

（1）躯干：护具上的蓝色或红色部分覆盖的躯干部位。

（2）头部：锁骨以上的头颈部位（包括颈部、双耳和后脑在内的整个头部）。

3. 分值

（1）击中躯干计 1 分。

（2）旋转踢技术击中躯干计 2 分。

（3）击中头部计 3 分（主裁判员读秒不追加分）。运动员脚的任何部位接触对方的头部，将被视为击头得分有效。

（4）旋转踢技术击中头部计 4 分。

（5）一方运动员每被判 2 次"警告"或 1 次"扣分"，另一方运动员得 1 分。

读秒的执裁尺度：运动员被击倒时，主裁判员应及时发出"分开"的口令并检查运动员的状态，然后判断是否读秒。

4. 比分

比分为 3 局比赛得分的总和。

5. 得分无效

运动员因犯规行为得分时，所得分数视为无效。

（1）因不合法的技术或犯规行为得分，该得分无效。这是一条基本原则。在此情况下，主裁判员必须通过手势示意减去无效得分并给予犯规的运动员相应判罚。

（2）得分无效时，主裁判员应立即发出"暂停"口令，首先通过手势示意记录台减去无效得分，然后给予犯规的运动员相应判罚。

十三、计分和公布

1. 得分应立即计分并公布

（1）计分应遵循即时计分，也可以称作"1秒钟"原则，即4名边裁判员当中的3名及以上在1秒钟之内对合法得分技术确认，便可以产生1个有效分。这是一条基本原则，无论采用什么计分方法均必须遵循此原则。

（2）根据比赛的实际情况，也可采取3名边裁判员执裁，其中2名及以上计分有效的方式。

（3）即时计分意味着得分技术已出现应立即计分，延误一段时间之后再计分视为无效。

（4）立即记录并公布指边裁判员的计分应立即公布在记分牌或显示屏上。

2. 使用普通护具

使用普通护具时由边裁判员使用电子计分器或计分表记录有效得分。使用普通护具时需注意以下两点：

（1）所有有效得分（包括1分、2分、3分和4分），只能由边裁判员记录。

（2）所有记分必须由边裁判员独立判断，并通过电子仪器将得分即时显示在记分牌上予以公布，如果无法使用电子仪器，边裁判员必须立即将得分记录在计分表上，并在1局比赛后公布。

3. 使用电子感应护具

（1）躯干部位的有效得分，由电子感应护具中的感应器自动计分；当运动员使用有效的旋转技术时，有效的力度得分将由电子护具感应器自动计分，有效的旋转技术分将由边裁判员作出判断并计分。

（2）头部的有效得分和拳的有效得分由边裁判员使用电子计分器或计分表即时记分。有效的旋转技术击头得分，旋转技术分由边裁判员作出判断并计分。

比赛使用电子护具，旋转技术有效击中对手护具，电子护具自动计1分，边裁判员同时确认旋转技术得1分；若同样情况下，电子护具未计分，则边裁判员是否计旋转分，得分都无效。

4. 用电子计分器或计分表

用电子计分器或计分表计分时，必须有3名或3名以上的边裁判员即时计分方为有效。对于比赛设3名边裁判员的情况，有效得分应由两名或两名以上边裁判员即时计分方为有效。

使用任何一种计分系统，边裁判员应遵循即时计分的原则，1局比赛结束时再计分不符合本原则的规定，属于违反原则的行为。

在中国跆协主办的各类跆拳道比赛中，须使用中国跆协监制或认可的电子计分系统，包括电子计分器、电子记录台、电子显示屏等。

十四、犯规行为

（1）比赛过程中所出现的犯规行为，由场上的主裁判员执行判罚。

（2）判罚分为"警告（Kyong-go）"和"扣分（Gam-jeom）"。

（3）两次"警告"应给对方运动员加一分，最后1次奇数警告不计入总分。

（4）一次"扣分"应给对方运动员加1分。

（5）犯规行为的判罚。制定犯规条款，禁止犯规行为的目的和意义是保护运动员的安全，确保公平竞赛，鼓励运动员使用合理的或完美的技术。

以下犯规行为将被判罚"警告"：

① 双脚越出边界线。双脚越出边界线的垂直平面即被视为"出界"。此时，主裁判员将判给犯规运动员1次"警告"。当"出界"是因为对方运动员使用犯规行为造成时，不属于"出界"，主裁判员有权对犯规运动员进行判罚。

如果"出界"行为在时间上有先后之分，则先"出界"的运动员属于犯规，应被判罚1次"警告"。

② 回避或拖延比赛。若运动员无意进攻而回避比赛，判罚将给予更加消极或持续后退的一方。若双方运动员均回避比赛，则同时给予双方运动员"警告"判罚。但主裁判员应区分故意回避和战略防守，以战略防守为目的的技术动作将不给予判罚。

主裁判员避免比赛处于消极状态的具体做法是：如果双方运动员在5秒钟后仍对峙不攻，处于消极状态，主裁判员可给出"进攻"的口令，出现下列情况时主裁判员将给与"警告"判罚：

① 主裁判员发出"进攻"口令后，双方运动员仍然消极对峙，没有进攻动作的情况持续10秒钟。

② 主裁判员发出"进攻"口令后，一方运动员从原来的位置向后退或者明显处于被动状态的情况持续10秒钟。

③ 倒地。运动员倒地应给予"警告"判罚。如果一方运动员因对方运动员的犯规行为而倒地，不应予以判罚，而应判罚对方运动员；因一方运动员使用技术动作导致对方运动员倒地，此行为重复出现应给予倒地运动员判罚；因技术动作的连续变换或因失去重心滑倒，此行为重复出现应予以判罚。

④ 抓、搂抱或推对方运动员。"抓"包括用手抓住对方运动员的道服、护具或身体任何部位，或用前臂勾住对方运动员的脚或腿；"搂抱"包括用手或手臂压住对方运动员的肩膀或夹住其腋窝，或用手臂搂抱对方运动员的躯干；"推"包括用手掌、肘、肩、躯干或头等部位推开对方运动员使其失去平衡有利于自己攻击，或推开对方运动员以阻碍其正常使用技术的动作。当上述情况出现时，主裁判员将给予"警告"判罚。

⑤ 故意攻击对方运动员腰部以下部位。为了阻碍或干扰对方运动员正常使用技术动作，使用强有力的踢击或蹬踏动作攻击其大腿、膝关节或小腿任何部位，应被判罚"警告"。若攻击腰以下部位的动作是因为承受着（被攻击者）自身造成或发生在技术动作转换过程中，不属于此条款规定的内容。

⑥ 用膝部顶撞或攻击对方运动员，主要指在近距离时故意用膝部顶撞或攻击对方运动员。但是，以下两种情况不在判罚之列：

· 当使用合法的攻击技术时，对方运动员突然移动或前冲靠近；

· 非故意的或因近攻距离不合适所造成的。

⑦ 用手攻击对方运动员头部。用手攻击对方运动员头部，包括用手（拳）、腕、小臂、

肘关节等击打对方运动员头部。但是，由于对方运动员的不经意动作，比如过分低头或随意转身而引起的情况，不在判罚之列。

⑧ 教练员或运动员有任何不良言行。"不良言行"包括运动员或教练员不符合体育运动精神或跆拳道精神的行为或态度。具体体现如下：

- 任何妨碍比赛进程的行为；
- 以不合法途径对裁判员的判决表示抗议或指责竞赛官员；
- 用身体动作或行为动作侮辱对方运动员或教练员；
- 教练员使用过激的言语和执教动作；
- 任何与比赛无关或不受欢迎的行为，或超出比赛本身所能接受范围的行为。

此条款参考"扣分"判罚第6款可合并予以判罚。主裁判员根据情况对上述行为进行独立判罚。如在比赛间歇中出现不良行为，主裁判员可立即予以判罚并记入下一局比赛的计分中。

比赛进行中，如果教练员离开1米×1米的教练员规定区域，该名教练员将会被判罚"警告"。

⑨ 提膝阻碍对方运动员的攻击。

提膝超过腰部故意格挡、阻碍干扰1次进攻的行为，应被判罚"警告"。

⑩ 运动员提示本方教练员申请录像审议。

以下犯规行为将被判罚"扣分"：

- 主裁判员发出"分开（Kal-yeo）"口令后攻击对方运动员；
- 攻击已倒地的对方运动员；
- 抓住对方运动员进攻的脚将其摔倒，或用手推倒对方运动员；
- 故意用手攻击对方运动员头部；
- 恶意攻击对方运动员腰部以下部位；
- 教练员或运动员打断比赛进程；
- 教练员或运动员使用过激言语，出现严重违反体育道德的行为；
- 故意回避比赛；
- 若比赛使用电子护具，每局比赛开始前，主裁判员应该检查双方运动员的电子护具和感应脚套，观察运动员是否有任何操纵电子计分系统，增加感应脚套敏感性或者其他违规方式的企图。如发现故意违规操纵的行为，主裁判员保留给予该名违规运动员"扣分"判罚的权利，同时，根据运动员违规的严重程度，主裁判员也保留判罚该名违规运动员犯规败的权利。

（6）主裁判员宣判运动员"失格败"。当运动员或者教练员无视或违反跆拳道竞赛基本准则、跆拳道竞赛规则和纪律以及主裁判员的指令时，主裁判员可以不考虑"警告"或者"扣分"的累计情况，直接判其负。特别是当运动员不顾主裁判员的规劝，意图伤害或者对主裁判员进行明显的侵害时，应立即宣判该名运动员"失格败"。

运动员违背竞赛规则或故意不服从主裁判员时，主裁判员可计时1分钟后直接判其"失格败"。

（7）运动员被判罚"警告"和"扣分"累计达4分时，主裁判员判其"犯规败"。

（8）"警告"和"扣分"次数按3局比赛累计。

（9）主裁判员中断比赛，下达"警告"或"扣分"口令时，比赛时间在主裁判员发出"暂停（Shi-gan）"口令的同时暂停，直到主裁判员发出"继续（Kye-sok）"口令，比赛继续进行。

（10）运动员被判罚 1 次"扣分"的犯规行为的种类及其在比赛中的表现。

主裁判员下达"分开"口令后攻击对方运动员，此类行为十分危险，极有可能导致对方运动员受伤。原因是：

① 主裁判员下达"暂停"口令后，对方运动员可能处于无防卫状态。

② 主裁判员下达"暂停"口令后，进攻运动员使用的任何技术的击打力度会增大。

此类攻击运动员的行为是违背跆拳道运动精神的。因此，在"暂停"后，如一方运动员假装要攻击对方运动员，也应予以"扣分"判罚。

（11）攻击已倒地的对方运动员。

攻击已倒地的对方运动员的行为十分危险，极有可能导致对方运动员受伤，原因是：

• 倒地的运动员可能处于无防卫的状态。

• 倒地的运动员处于静止状态，位置相对固定，对其使用的任何技术的击打力度会增大。此类攻击倒地运动员的行为是违背跆拳道运动精神的，在跆拳道竞赛中是禁止的。

• 抓住对方运动员进攻的脚将其摔倒，或用手推倒对方运动员。

（12）故意用手攻击对方运动员的头部，主裁判员根据自己的判断，给予下列行为"扣分"判罚：

• 当拳攻击的起点位置高于耳侧；

• 当拳攻击的方向向上；

• 当攻击的目的是为了在近距离对对方运动员造成伤害，而非进攻技术的正常转换。

（13）教练员或运动员打断比赛进程：

• 教练员在比赛中离开指定位置而影响比赛，或故意离开比赛场地；

• 教练员为妨碍比赛进程或对裁判员的判罚表示不满而在场地周围走动；

• 教练员或运动员威胁裁判员或侵犯裁判员的权利；

• 教练员或运动员以不合法的方式抗议并打断比赛进程。

此条款规定的内容将不用于处理教练员申请"录像审议"的情况。

（14）教练员或运动员使用过激言语或做出违反体育道德行为。

（15）一方运动员故意转身逃躲避对手攻击，主裁判员予以"扣分"。

十五、加时赛和优势判定

3 局比赛结束后如果比分相等，加赛 1 局，时间为 2 分钟，由加时赛先得分或优势判定确定胜负。比赛前 3 局的得分和警告判罚全部清零，加赛局比赛的结果为比赛的最终结果。

1. 加时赛先得分获胜

（1）任何一方运动员先得分，则比赛结束，先得分者获胜。如因技术原因记分牌显示双方运动员均得分，按得分时间判断，先得分者获胜。

（2）因犯规造成对方运动员得 1 分，则比赛结束，得分者获胜。

2. 优势判定

（1）加时赛结束时，双方运动员均得分，进行"优势判定"：体重轻者获胜；体重相同可再次"优势判定"。

加时赛中出现击头得分技术在先，击腹得分技术在后的情况，但由于电子护具先确认击腹得分，边裁判员可以立即提请合议，主裁判员召集合议确认后更改比分。击头得分的运动员教练也可申请录像审议，如果审议委员确认击头得分技术先于击腹得分技术得分，则更改比赛显示计分，主裁判员判击头得分者获胜。在特定比赛中，如加时赛结束时双方运动员均未得分，则根据赛前公布的称重记录，体重轻者获胜，如体重一致，再进入"优势判定"。

（2）该场比赛裁判员填写"优势判定卡"，按少数服从多数原则进行判定；场上为1名主裁判员和3名边裁判员，优势判定若为2∶2，获胜方为主裁判员判胜方。

（3）"优势判定"的依据是加时赛中运动员表现出的主动性。

"优势判定"以运动员在加时赛中表现出的主动性为判定依据：主动攻击的程度、使用技术动作的次数、使用难度技术动作的次数、比赛态度。

优势判定程序：

① 比赛前裁判员携带"优势判定卡"；

② 若比赛进入优势判定程序，主裁判员给出"优势记录（Woo-se-girok）"的口令；

③ 主裁判员给出口令后，边裁判员在10秒钟内填写好"优势判定卡"并签名递交给主裁判员；

④ 主裁判员收集所有"优势判定卡"并进行统计，依据多数原则判出比赛最后结果，并宣判获胜方；

⑤ 宣判获胜方后，主裁判员把"优势判定卡"交给记录台，再由记录台转交给技术代表存档备查。

十六、获胜方式

主裁判员依据本规则对比赛胜负进行宣判。获胜方式包括以下10种。

1. 击倒胜

击倒胜是指当一方运动员被合法技术击倒，读秒至"8"时仍不能示意可以继续比赛，主裁判员继续读秒至"10"后，停止比赛，另一方运动员获胜。

2. 主裁判员终止比赛胜

主裁判员终止比赛胜是指如果主裁判员或者医务监督确定运动员无法继续比赛，即使1分钟恢复期已过，或者该名运动员不听从主裁判员命令仍想继续比赛，主裁判员应宣布比赛停止，另一方运动员获胜。

3. 比分胜

略。

4. 分差优势胜

分差优势胜是指在比赛第2局结束或者第3局间，分差得到12分优势，优势方直接提前获胜。

5. 加时赛先得分胜

略。

6. 优势判定胜

略。

7. 弃权胜

（1）一方运动员在比赛中因受伤或其他原因弃权，则另一方运动员获胜，参赛运动员不得在比赛中无故弃权。

（2）一方运动员在休息时间到后不继续比赛或不服从命令开始比赛，则判另一方运动员获胜。

（3）教练员向比赛场地扔毛巾示意自己的运动员弃权，则另一方运动员获胜。

8. 对方失去资格获胜

对方失去资格获胜是指一方运动员称重不合格或比赛前失去运动员身份，则另一方运动员获胜。根据失去资格原因的不同，处理方式如下：

（1）运动员称重不合格，或者参加抽签后未称重，抽签表上将会反映运动员称重失格，并通报相关人员。该场比赛将不选派裁判员，对方运动员不用上场比赛。

（2）运动员称重合格，但检录未到，选派裁判员和对方运动员应在场上指定位置等待，直到主裁判员宣布对方运动员获胜。

9. 主裁判员判罚犯规胜

主裁判员判罚犯规胜是指当一方运动员得到"警告"和"扣分"累计4分时，或者当本规则第14条第6款规定的情况出现，另一方运动员获胜。

10. 特定比赛时轻者胜

特定比赛中，按照称重记录，体重轻者获胜。

为最小化降低比赛判罚的人为因素，鼓励运动员积极进攻，在特定比赛中使用此获胜方式。第四局加时赛结束比分仍为0：0时，根据赛前公布的称重记录，体重较轻一方获胜。如仍未分出胜负，则进入优势判定。

十七、击倒

运动员在比赛中受到合法的强有力攻击后，出现以下三种情况之一，判定为"击倒"：

（1）除双脚以外的身体任何部位触地；

（2）身体摇晃，丧失继续比赛的意识和能力；

（3）主裁判员判定被攻击的运动员不能继续比赛。

击倒分为"站立式击倒"和"击倒"两种情况。运动员受击打倒地，或身体摇晃，或不能胜任比赛的要求，可被视为"击倒"。此外，运动员受击打后，继续比赛将有危险或运动员的安全不能保障，也可被视为"击倒"。

十八、"击倒"后的处理程序

1. 被"击倒"时

运动员被"击倒"时，主裁判员将采取以下处理程序：

（1）主裁判员立即发出"分开"口令分开双方运动员，并将进攻运动员置于远处。

首先将进攻者置于远处，在此情况下，进攻方运动员应回到开始比赛时自己所处的位置，但是，如果被击倒的运动员就在进攻方运动员比赛开始时所处的位置上或附近，进攻方运动员应在其教练席前的警戒线外等待。

主裁判员在执裁过程中应始终保持一种警觉状态，随时准备处理突然出现的"击倒"

情况或其他危险状况。一旦出现此类情况，主裁判员应毫不犹豫地发出"分开"口令。

（2）主裁判员大声从"1"到"10"向被击倒的运动员读秒，每间隔1秒读1次，并用手势在其面前提示时间。读秒"1～10"：Ha-nal、Duhl、Seht、Neht、Da-seot、Yeo-seot、Il-gop、Yeo-dul、A-hop、Yeol。

如果被击倒的运动员在读秒过程中站立起来并示意可以继续比赛，主裁判员也需继续读秒，并通过检查、读秒等办法迅速判断该名运动员的状态。

如果在读秒的过程中发现被击倒的运动员情况危险，需要紧急治疗，主裁判员应一边读秒一边给出召唤医务监督的手势，让医务监督马上进行治疗。除非医务监督认为情况紧急需要立即进行抢救，否则主裁判员的读秒程序应当继续进行。

（3）即使被击倒的运动员在读秒过程中示意可以继续比赛，主裁判员也必须读到"8"，使其获得休息，并确认是否恢复，如已恢复就发出"继续"口令继续比赛。

（4）主裁判员读到"8"时，被击倒的运动员仍无法示意可以继续比赛，则读秒至"10"后宣判另一方运动员"击倒胜"。

主裁判员读到"8"时，被击倒的运动员仍无法示意可以继续比赛，则读秒至"10"后宣判另一方运动员"击倒胜"。确定"已恢复"的程序为：运动员以实战姿势、紧握双拳数次和主裁判员进行有效的目光交流，示意可以继续比赛。如果运动员在主裁判员读秒至"8"时，仍不能用此程序表示"已恢复"，主裁判员应立即再读秒至"10"后宣判另一方运动员"击倒胜"。读秒至"8"后，运动员再示意可以继续比赛应视为无效。如果主裁判员判定被击倒的运动员已不能继续比赛，即使该名运动员在主裁判员读秒至"8"时示意可以继续比赛，主裁判员可以继续读秒至"10"，随后宣布比赛结束，另一方运动员"击倒胜"。

（5）即使1局或整场比赛时间结束，主裁判员也要继续读秒。

（6）如果双方运动员同时被击倒，其中任何一方未恢复，主裁判员将继续读秒。

（7）如果双方运动员同时被击倒，读秒到"10"后双方运动员均不能恢复，应按击倒前的比分判定胜负。

（8）主裁判员判定一方运动员不能继续比赛，可以不读秒或者停止读秒，宣判另一方运动员获胜。主裁判员判定一方运动员不能继续比赛是指：当运动员受到明显强烈的击打而倒地并处于危险状态时，主裁判员可以中断读秒或在读秒的同时要求急救。

2．比赛结束后的处理

因身体任何部位受到击打而被"击倒"判负的运动员30天内不得参加比赛，否则须由代表单位指定的医生证明并由代表单位有资格的领队或者教练担保。

3．执裁执导

（1）主裁判员在读秒过程中应当立即判定运动员的状态，不允许读秒至"8"后花费额外的时间去确认运动员是否恢复。

（2）当运动员在主裁判员读秒至"8"以前已明显恢复，并示意可以继续比赛，主裁判员也确定运动员状态可以继续比赛，但该名运动员由于需要进行治疗而不能马上继续比赛时，主裁判员发出口令的步骤为：先"分开"、"计时"，然后转入本规则第十九条的程序。

十九、比赛中断的处理程序

1. 因一方或双方运动员在比赛过程中受伤而使比赛中断

因一方或双方运动员在比赛过程中受伤而使比赛中断，主裁判员采取以下处理程序。

（1）主裁判员发出"分开"口令，如判断属于因伤比赛中断情况，则发出"计时"口令，记录台同时开始计时1分钟。

（2）允许运动员在1分钟内接受治疗。

（3）运动员即使只受轻伤，但1分钟后仍不示意可以继续比赛，主裁判员判其负。

（4）因"扣分"行为造成一方运动员受伤，1分钟后不能恢复比赛，主裁判员判犯规者负。

（5）双方运动员同时受伤，1分钟后均不能继续进行比赛时，按受伤前得分判定胜负。

（6）在医务监督的协助下，主裁判员判定一方运动员严重受伤，明显神志不清或处于危险状态时，应立即中断比赛，安排急救。如果伤害事故是由"扣分"行为造成的，判犯规者负。

（7）因"扣分"行为造成受伤，医务监督鉴定受伤运动员能够继续比赛，主裁判员指定受伤运动员继续比赛，如不听从命令，受伤运动员被判为败方。

（8）因伤不能继续比赛的运动员30天内不得参加比赛。

2. 其他合理的需要中断比赛的情况

如果发生除上述程序以外的合理地需要中断比赛的情况，主裁判员先发出"分开"口令，再发出"暂停"口令中断比赛，继续比赛则发出"继续"口令。

主裁判员判定运动员由于受伤或其他任何紧急情况不能继续比赛，可以按以下方式处理：

（1）如果一方运动员处于失去知觉或严重受伤等紧急状态，应立即实施急救并结束比赛，此种情况下，比赛结果将按以下方式判定：

① 由"扣分"行为造成的，判犯规者负。

② 由合法技术动作或意外的、不可避免的接触造成的，判不能比赛者负。

③ 由与比赛无关原因造成的，按比赛中断前的得分判定胜负。如果中断比赛发生在第一局比赛结束前，该场比赛无效。

（2）运动员受伤程度不严重，在主裁判员给出"计时"口令之后可有一分钟时间接受必要的治疗。比赛结果将按以下方式判定：

① 主裁判员判断有必要对受伤运动员进行治疗时，可由医务监督进行治疗，如有必要，队医可以协助治疗。

② 受伤的运动员能否继续比赛由主裁判员判定，在1分钟治疗时间内，主裁判员可在听取医务监督意见后，随时给出口令继续比赛，不服从命令继续比赛者将被判负。

③ 受伤的运动员接受治疗或恢复过程中，在"计时"至40秒时，每隔5秒钟受伤运动员可以听到主裁判员的口令提示时间，运动员在1分钟结束时不能回到指定位置继续比赛，主裁判员必须宣判比赛结果。

④ 主裁判员发出"计时"口令后，无论医务监督是否参与治疗，1分钟的计时须严格执行。但是，当运动员需要治疗而医务监督缺席或运动员需要进一步治疗时，主裁判员可

以适当延长 1 分钟的计时限制。

⑤ 如果 1 分钟后不能继续比赛，比赛结果将根据本条款解释 1 判定。

（3）如果双方运动员受伤，1 分钟后均不能继续比赛，或出现紧急情况，比赛结果将按以下方式判定：

① 如因一方运动员的"扣分"行为造成，则判犯规者负。

② 如果不属于"扣分"行为，比赛结果将按中断比赛时的比分判定。但是，如比赛中断发生在第一局比赛结束之前，则该场比赛无效，赛事组委会将安排在合适的时间重新比赛。如一方运动员在重新比赛时仍不能参赛，则被视为弃权。

③ 如果因双方运动员的"扣分"行为引起，则判双败。

④ 因上述条款内容以外的原因造成比赛中断，将按以下方法处理：

· 因不可控制的情况需要中断比赛，主裁判员将中断比赛并服从赛事组委会的指示；

· 如果第二局比赛结束后比赛中断，且比赛不能继续进行，根据比赛中断之前的比分判定胜负；

· 如果第二局比赛结束前比赛中断，原则上将安排重新比赛，并进行全部 3 局的比赛。

二十、技术官员

1. 技术代表

1）资格

资深跆拳道专家或国际裁判员由中国跆拳道协会任命。

2）职责

全面指导、决定、监督竞赛和裁判员工作，同时履行仲裁委员会主任的职责。确认竞赛规则和判罚尺度，主持赛前技术会议与抽签，确认抽签与称重结果，如有必要，技术代表可以要求主裁判员场上召集合议，技术代表有权对规则没有描述的问题做最终裁决。

2. 竞赛监督机构

1）组成

各类跆拳道竞赛可根据需要设立竞赛监督机构（竞赛监督委员会或赛风赛纪督察组），它由若干具有行政管理、跆拳道竞赛和裁判员专业背景的资深人士组成。

2）职责

（1）监督和检查各项竞赛及赛风赛纪工作。

（2）依据《跆拳道竞赛纪律处罚办法》等文件对违背有关规定和体育道德的当事人、运动队进行处罚。

3. 仲裁委员会

1）组成

各类跆拳道竞赛须设立仲裁机构，它由若干委员组成仲裁委员会并行使职责。

2）职责

协助技术代表负责竞赛和技术方面的工作，确保比赛按照程序进行，评估录像审议委员和临场裁判员的执裁判罚情况，对比赛中出现的违纪违法行为和个人予以制裁和处罚，处理与竞赛相关的其他事宜。

4. 录像审议委员

1) 资格

国际级裁判员。

2) 组成

一块场地比赛由两名录像审议委员负责录像审议。

3) 职责

受理录像审议，1 分钟内做出裁定结果，告知主裁判员。

5. 裁判员

1) 资格

（1）在中国跆协登记注册有效，同时属于中国跆协个人会员，持有中国跆协或世跆联颁发的有效裁判员资格证书者。

（2）参加由中国跆协定期组织举办的裁判员培训班并通过考核者。中国跆协举办的裁判员培训班是指提高裁判员业务水平的学习班。

（3）裁判员须穿中国跆协指定的裁判员服装，禁止携带妨碍比赛的物品。

中国跆协所属团体会员单位举办各级各类跆拳道裁判员学习班，必须经过中国跆协批准认可。

2) 裁判员配备与岗位设置

（1）使用普通护具时，一般需设一名主裁判员和四名边裁判员。

（2）使用电子感应护具时，一般需设一名主裁判员和三名边裁判员。

（3）主裁判员或边裁判员与场上运动员属同一单位或有连带关系时需回避。

如有需要，每场比赛可增派 1 名替补裁判员和 2 名替补审议委员，若比赛出现严重问题，由技术代表提出更换。

6. 职责与任务

1) 主裁判员

（1）依据本规则的规定，掌握和控制整场比赛，确保比赛安全、公正、精彩。

（2）比赛过程中根据场上情况及时发出"开始"、"分开"、"暂停"、"继续"、"计时"、"扣分"、"警告"、"结束"等口令，并判定胜负。

（3）依据本规则独立行使判决权利。

（4）原则上主裁判员不参与计分，但是，比赛中一名以上的边裁判员举手提示有得分未被计分，主裁判员将召集三名边裁判员进行合议，合议结果遵循三名边裁判员意见少数服从多数的原则。

（5）加时赛结束时双方运动员均未得分，并在特定比赛中体重一致时，由主裁判员召集场上 3 名边裁判员按照本规则第十五条第 2 款判定胜负。

裁判员判定责任：裁判员的判罚对仲裁负责；不通过仲裁，比赛结果不能变更。

2) 边裁判员

（1）即时记分。

（2）对"优势判定"进行独立评判。

（3）如实回答主裁判员的问询。

（4）站立举手提出合议，及时提醒主裁判员对比赛中出现的明显计分错误进行合议。如有需要，在本场比赛结束后填写合议单，并签字确认。

（5）举手提示主裁判员场上出现的其他情况，如教练员要求录像审议运动员护具脱落等。

边裁判员的配备可以根据比赛的实际情况进行人数上的调整。但一名主裁判员和边裁判员多数判定的基本原则不能更改。

竞赛监督部门、仲裁委员会发现裁判员不能胜任执裁工作，没有公正执裁或出现无理由的错误时，可通过技术代表更换裁判员。

执裁指导：在一次合法技术击头或旋转技术击中有效得分部位的情况下，如果因为边裁判员计分不一致，使得该次得分未被计分时，任何一名临场裁判员应立即提议进行合议。主裁判员下达"暂停"口令中断比赛，召集边裁判员合议，由主裁判员公布合议结果。然而，当场上一名教练员提出录像审议时，主裁判员应接收教练员的申请。本条款也适用于主裁判员读秒出错，边裁判员应在主裁判员数到"3"或者"4"时提出不同意见。

7. 记录员

1）资格

国家一级以上裁判员。

2）职责

负责比赛计时，按照主裁判员的指令加、减分，记录并公布得分、减分，记录比赛结果和获胜方式，联络提醒电脑操作员及时开始或暂停比赛。

8. 医务监督

1）资格

具备医生资格证，由主办单位或赛事组委员选派。

2）职责

在运动员受伤时对其进行及时治疗、抢救，协助主裁判员对运动员的"伪装受伤"、"击倒"等情况进行及时判断；协助裁判员对运动员进行赛前检查。

二十一、即时录像审议

1. 目的

为最大限度减少跆拳道竞赛中的错判、误判和漏判，维护跆拳道竞赛的公平与公正，制定"录像审议"条款，并根据竞赛工作的实际情况组织实施。

即时录像审议（以下简称录像审议）的目的是以录像画面为依据，以规则条款为准绳，对临场重大错误进行及时修正，原则上尊重场上裁判员的临场决定。

2. 录像审议委员（以下简称审议委员）

审议组由两名审议委员组成。"录像审议"的过程无需向公众公布，由审议组独立完成。

每场比赛设审议委员两名，共同对比赛画面提出意见，如意见不一致，则由技术代表最终认定。

3. 审议程序

（1）比赛中教练员对裁判员的判罚或计分有异议，可向主裁判员申请进行"录像审议"。

（2）当教练员提出申请时，主裁判员应询问其申请理由。可以申请"录像审议"的理由仅限于事实判断错误，比如击打力度，动作、行为的严重程度，故意与否，动作时效的判断错误等。使用电子护具的比赛中，由电子护具感应器识别的得分不在审议范围内；教练员应在一次交手动作发生后5分钟内对该动作提出审议申请。

（3）教练员针对双方运动员的判罚和计分均可申请"录像审议"，如果双方教练员同时申请"录像审议"，主裁判员将同时受理。

主裁判员应要求审议委员对申请内容进行"录像审议"，审议须遵循回避原则。

执裁指导"录像审议"的程序如下：

① 比赛开始前，本场主裁判员向拥有配额的教练员发放申请"录制审议"时使用的"青"、"红"审议牌。

② 比赛中，青（红）方教练员站立举青（红）牌向主裁判员示意，申请"录像审议"。

③ 主裁判员暂停比赛，向教练员询问审议内容并收取申请牌，回到场地中央并面向审议委员举青（红）牌并发出"青（红）方录像审议"的口令。

④ 主裁判员告知审议委员审议内容后，审议委员进行录像审议。技术代表及竞赛监督机构代表可监督审议。

⑤ 审议委员对比赛记录进行审议得出结果，填写"录像审议"记录单。审议委员、技术代表在记录单上签字后审议结果方可生效。

⑥ 审议结束后由审议委员告知主裁判员审议结果，主裁判员执行审议结果后继续比赛（如申请方获得成功，主裁判员将审议牌交还该名教练员）。

任何情况下，教练员一旦站立举起青（红）牌申请"录像审议"，将被视为使用该次配额。每局比赛结束时，只要符合5秒原则，审议申请均可以被接受。审议委员应在接受审议后1分钟内，通过录像审议做出判决，告知主裁判员判决结果。

4. 审议配额

（1）每一场比赛中，教练员可以提出1次"录像审议"申请。如果该次申请成功且相关判罚或计分被更正，可继续提出申请。预赛2张审议牌，决赛每场2张，奖牌争夺赛追加1张。

（2）在1次赛事中，教练员为运动员提出"录像审议"申请的总数不受限制。但是，如果为1名运动员申请"录像审议"失败的次数超出审议配额，则不得再提出申请。根据赛事规模，技术代表可决定比赛"录像审议"的配额。

5. 审议裁决

（1）审议委员的裁决是最终裁决，在比赛中和比赛后不接受更进一步的申诉。

（2）如果出现比赛结果判定错误、比分计算错误或者运动员身份识别等严重错误的情况，场上任何一名裁判员可以暂停比赛，通过裁判员合议更正错误。

（3）如果相关判罚或计分被更正，竞赛监督与仲裁机构应在当天比赛结束后对该场比赛进行调查。如有必要，对相关裁判员进行处罚。

6. 申诉

在无法使用"录像审议"的赛事中，将采用下述申诉程序：

　　参赛运动队如对裁判员的判罚有反对意见，需在该场比赛结束后 10 分钟内，由参赛队代表向仲裁委员会提交申诉书，并交纳申诉费 2000 元人民币。由仲裁委员会对申诉内容进行审查，根据本规则做出"受理"或"不受理"的决定。

　　1）审议与裁决

　　（1）审议与裁决的要求：

　　① 审议时，与审诉方同单位的仲裁委员会应回避。

　　② 必要时，可质询临场执裁的裁判员，查询比赛记录表、仲裁录像等物质证据。

　　③ 由参加审议的仲裁委员以无记名投票方式进行裁决，半数以上委员的决定为最终判定。仲裁委员会须在受理后 15 分钟内做出裁决并形成书面报告公之于众。

　　④ 仲裁委员会的裁决结果为该场比赛的最终裁决。

　　（2）审议与裁决的基本依据：

　　① 如果比赛结果判定错误，或出现比分计算错误，或对青（红）方运动员身份识别错误，将更改原裁决；

　　② 仲裁委员会认定裁判员在执行规则时出现明显错误，可以更改原判决，并依据有关规定处罚相关裁判员。

　　2）竞赛监督委员会有权对审议裁决的全过程进行监督

　　竞赛监督委员会有权对审议裁决的全过程进行监督，当裁决结果与比赛结果一致或出现平局时，则维持原判；当裁决结果与比赛结果不一致时，则更改原判决。

　　3）中国跆协依据《跆拳道竞赛仲裁条例》，由仲裁委员会执行

　　略。

二十二、仲裁与处罚

　　1. 组成

　　竞赛处罚委员会由比赛监督机构与仲裁委员会构成。

　　2. 职责

　　依据《跆拳道项目纪律处罚规定》，负责对参赛运动员、教练员、技术代表、裁判员、工作人员、代表队和竞赛承办单位等违反竞赛纪律及比赛规定的行为作出处罚。

　　3. 发布

　　处罚决定由中国跆拳道协会负责发布和解释。

二十三、本规则未明文规定的情况

　　出现本规则未明文规定的情况，按以下办法处理：

　　（1）与比赛相关的事宜，根据该场比赛临场裁判员的一致意见决定；

　　（2）与比赛无关的事宜，由比赛技术代表处理决定；

　　（3）赛事组委会在各场地安排录像设备，对比赛过程进行记录和保存以备查。

二十四、附则

　　本规则自颁布之日起执行，具有独立性和排他性。最终解释权归中国跆拳道协会。

第二节　品势竞赛规则

一、目的

本规则是中国跆拳道协会根据世界跆拳道联盟跆拳道品势比赛规则而制定的，是中国跆拳道协会及其所属团体会员单位主办或组织的品势跆拳道竞技所使用的统一规则，目的是保证竞赛公平、顺利地进行。

二、适用范围

本规则适用于中国跆拳道协会及其所属团体会员举办的各类跆拳道品势比赛，如需改动有关条款，需经中国跆拳道协会认可。

三、比赛场地

比赛场地平面图见图 5-1，比赛台见图 5-2。

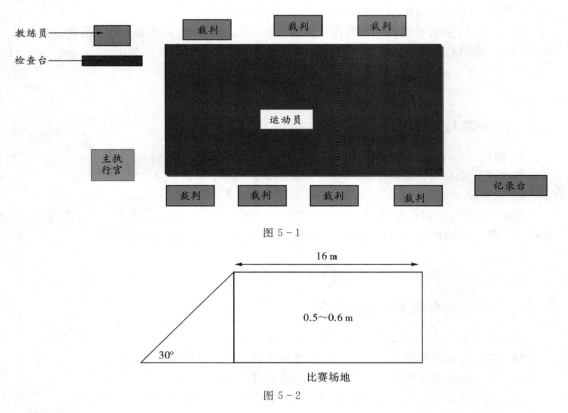

图 5-1

图 5-2

四、比赛的种类

1. 个人比赛

（1）男子个人赛。

（2）女子个人赛。

2. 混双比赛

略。

3. 团体比赛

（1）男子团体比赛。

（2）女子团体比赛。

五、组别划分

1. 世锦赛比赛组别划分

（1）个人比赛（Individual）的划分见表 5 - 1。

表 5 - 1　世锦赛个人组别

组别 (Division)	少年组 (Junior)	青年 1 组 (1st Senior)	青年 2 组 (2nd Senior)	成人 1 组 (1st Master)	成人 2 组 (2nd Master)
男子个人	14～18 岁	19～30 岁	31～40 岁	41～50 岁	50 岁以上
女子个人	14～18 岁	19～30 岁	31～40 岁	41～50 岁	50 岁以上

（2）混双比赛（Pair）的划分见 5 - 2。

表 5 - 2　世锦赛混双组别

组别 (Division)	第一组(1st)	第二组(2nd)
	14～35 岁	36 岁以上

（3）团体比赛（Team）的划分见表 5 - 3

表 5 - 3　世锦赛团体组别

组别(Division)	第一组(1st)	第二组(2nd)
男子团体	14～35 岁	36 岁以上
女子团体	14～35 岁	36 岁以上

2. 全国比赛组别划分

1）个人比赛

比赛一般在同年龄组运动员之间进行。必要时，可把相邻两个组别合并产生一个新的组别。任何运动员在一次比赛中只允许参加一个组别的比赛

2）混双比赛

（1）比赛的参赛运动员为同年龄组的男、女运动员各一人。

（2）年龄组划分见表 5 - 4。

5 - 4　全国赛年龄组划分

组别	少儿组	少年组	青年组	成年组
	12 岁以下	13～17 岁	18～30 岁	31 岁以上

3）团体比赛

团体比赛的参赛运动员为同年龄、同性别 3～5 名运动员，见表 5 - 5。

表 5－5　全国赛团体赛划分

组别	少儿组	少年组	青年组	成年组
男子	12 岁以下	13～17 岁	18～30 岁	31 岁以上
女子	12 岁以下	13～17 岁	18～30 岁	31 岁以上

注：

（1）个人比赛一般在同年龄组运动员之间进行。必要时，可把相邻两个组别合并成一个新的组别。任何运动员在一次赛事中只允许参加一个组别的比赛。

（2）混双比赛的参赛运动员为同年龄组的男、女运动员各一名。

（3）团体比赛的参赛运动员为同年龄组、同性别的 3～5 名。

六、比赛方式

1. 组别

中国跆拳道协会主办的全国性竞赛每个组别至少有 5 组。运动员参赛，不足 5 组的根据情况可与临近组别合作。

2. 比赛方式划分

1）单败淘汰制

在没有电子计分器的情况下，采用单败淘汰制。

2）Cut off 制

在使用电子计分器的情况下，采用 Cut off 制。其具体情况如下：

（1）预赛：从各组别第一指定品势中抽选一种进行比赛，根据预赛得分高低，从参赛运动员中选拔出前 50％人数的运动员进入半决赛。

（2）半决赛：从各组别第二指定品势中抽选一种进行比赛，根据半决赛得分高低选拔出前八名运动员进入半决赛。

（3）决赛：从各组别第二指定品势中排除半决赛制定的品势后，抽选两种品势比赛，取两种品势的平均分，根据决赛得分高低选出前 3 名。

注：世界锦标赛是从各组别所有竞赛规定品势中任意抽选一种，再自动连接下一套品势进行初赛，如初赛抽中高丽，则表示初赛要打高丽、金刚两套品势；然后再按以上形势，在排除已抽出品势后抽取半决赛、决赛的品势，每一阶段打两套品势，取两套品势的平均分决定运动员名次再进入下一轮比赛。

七、比赛指定品势

1. 世锦赛指定品势

世锦赛指定品势表 5－6。

表 5－6　世锦赛比赛指定品势

分类	组别（男、女）	第一指定品势	第二指定品势
个人	少年组（14～18 岁）	太极 4、5、6、7 章	太极 8 章、金刚、太白
	青年 1 组（19～30 岁）	太极 6、7、8 章	金刚、太白、平原

八、比赛时间

每场比赛时间为 1 分 30 秒。决赛时，在两套品势之间休息 1 分钟。

九、抽签

关于抽签有以下说明：

（1）抽签方式包括电脑抽签和人工抽签两种；

（2）抽签需在中国跆拳道协会官员及有关人员组织下，在比赛开始前的领队代表会议上进行；

（3）抽签结果在代表会上当场公布；

（4）没有参加抽签仪式的参赛队必须完全接受抽签结果。

十、犯规行为与处罚

关于犯规行为与处罚有以下说明：

（1）犯规行为由场内主裁判判罚。

（2）处罚分为警告和扣分。

（3）教练员及运动员有下列行为时，主裁判员将依据其行为对大赛的消极影响对其进行警告或扣分处罚，其行为包括但不限于以下情况：

① 运动员或教练员有不良言行；

② 运动员或教练员打断比赛进程或使用过激言语严重违反体育道德；

③ 运动员违背竞赛规则或故意不服从裁判员的判分结果；

④ 为了影响裁判员或执行员的判断而煽动群众；

⑤ 其他影响比赛进行或产生恶劣影响的行为。

（4）主裁判下达"警告"或"扣分"口令而暂停比赛时，比赛暂停时间与主裁判员发出"暂停"口令的时间相同，直到主裁判发出"继续"口令，比赛继续进行。

（5）比赛检录员在比赛检录处按出场顺序进行运动员检录。

十一、比赛顺序

1. 运动员检录

比赛检录员在检录处按出场顺序进行运动员检录，每次 10 场比赛，比赛开始 1 分钟内未到场的运动员将取消其比赛资格。

2. 身体及服装检查

检录完毕的运动员到规定的检查员处进行身体及服装检查。运动员不得携带任何可能给对方运动员造成伤害的物品。运动员所着道服不符合中国跆拳道协会规定的不得参加比赛。

3. 运动员入场

检查完毕的运动员与一名教练员到等待席准备比赛。

4. 比赛的开始和结束

主执行员下达"开始"口令开始比赛，结束时用"还原"口令结束比赛。即使主执行员没有发出"还原"口令，比赛仍将按照比赛规定的时间结束。

5. 比赛步骤

比赛步骤如下：

（1）运动员根据执行员的"运动员入场（Shen-su-yip-zhang）"口令，从场地第二和第三警戒线沿着第三警戒线，走到第三警戒线中央后右转进到离场地中心点的第三警戒线方向1米处位置，做好比赛准备。

（2）运动员根据主执行员的"立正"和"敬礼"口令，向前后方的裁判行礼。

（3）运动员根据主执行员的"品势准备（poomsae-joon-by）"口令，做好品势准备姿势后，根据"开始"口令进行赛会抽签决定比赛的内容。

（4）运动员完成指定品势后，在最后一个动作停留，然后根据主执行员的"还原（Ba-Lo）"口令还原到准备姿势。

（5）根据主执行员的"立正"和"敬礼"口令，向前后方裁判员行礼后，站在原地等待裁判员判分。进行两套品势一轮的比赛，如全国赛之决赛阶段可在打完第一套品势后，在主裁判员发出"运动员退场（Shen-su-tue-zhang）"的口令后运动员退场休息，无需等待打分。

（6）主执行员在收到裁判员判分结束信号后，发出"公布分数（Zhem-su-pyo-cud）"口令，运动员的分数将会在比赛显示屏上显示。

（7）在主执行员发出"运动员退场"的口令后，运动员按照进场时的路线退出赛场。

十二、主执行员

1. 资格

主执行员必须持有国技院颁发的段位证书及中国跆拳道协会颁发的一级以上大众裁判员资格证。

2. 任务

主执行员的任务有以下几点：

（1）一场比赛有1名主执行员；

（2）主执行员负责引导运动员入场及退场；

（3）主执行员负责执行比赛中的所有口令及宣布运动员该场比赛得分；

（4）负责其他为了使比赛顺利进行而进行的辅助性工作。

十三、判分

判分参照世界跆拳道联盟品势规则中的相关规定执行，包括以下判分标准。

1. 准确度

准确度的判分点包括基本动作和各品势动作的准确度。

2. 熟练度

熟练度的判分点包括动作的幅度、平衡性及动作的速度和力度。

3. 表现力

表现力的判分点包括动作的刚柔、缓急、节奏和运动员表现出的气势。

十四、判分方法

1. 总分 10 分

跆拳道的比赛总分为 10 分。

2. 分数组成

跆拳道比赛 10 分由以下几项组成。

1) 准确度

(1) 基本分数为 5 分。

(2) 扣分点：

① 在完成品势的过程中，出现细小失误时每次扣 0.1 分；

② 在完成品势的过程中，出现明显错误时每次扣 0.5 分。

2) 熟练度

(1) 基本分数为 3 分。

(2) 扣分点如下：

① 动作幅度、平衡性、动作速度及力量在比赛中出现细小失误时每次扣 0.1 分；

② 动作幅度、平衡性、动作速度及力量在比赛中出现严重错误时每次扣 0.5 分。

3) 表现力

(1) 基本分数为 2 分。

(2) 扣分点如下：

① 比赛中动作的刚柔、缓急、节奏以及气势不能够明确地表现出来时，每次失误扣 0.1 分；

② 比赛中动作的刚柔、缓急、节奏以及气势不能够明显地表现出来并出现严重错误时每次扣 0.5 分。

3. 其他扣分事项

(1) 完成动作时超出比赛时间，在总分中扣除 0.5 分；

(2) 比赛中运动员越过警戒线时，在总分中扣除 0.5 分。

上述扣分事项，各裁判员根据该场场上主裁判员的口令进行扣罚。

4. 计分方法

(1) 品势比赛按照准确度、熟练度和表现力，并结合其他扣分事项，合算得分；

(2) 在 7 名裁判员的判分中，除去最高分数和最低分数后，取分数的平均值。

十五、分数显示

1. 随着主执行员的命令公布总分

略。

2. 分数显示方式

使用电子判分方式：

(1) 比赛结束后，各裁判把分数输入到电子判分器中，各项得分将在显示器中显示；

(2) 最高分数和最低分数自动去除后，将自动显示最终得分。

3. 使用手动判分方式

（1）比赛结束后，记录员负责收集各裁判员的判分表，进行统计。

（2）除去最高分数和最低分数后，取平均值并公布最后得分。

十六、优势判定

1. 总分高的运动员为优胜者

略。

2. 出现相同分数

比赛中出现相同分数时，熟练度分数高者胜；熟练度分数相同时，加最高、最低分重新统计得分；如统计后比分仍然相同，重新进行比赛。

3. 重新比赛

重新比赛时，比赛内容为该组别指定品势中未抽中的品势。

4. 获胜种类

1）优势胜

比赛中分数高的运动员获胜。

2）弃权胜

（1）主裁判员或医生判断运动员无法完成比赛时，对方运动员获胜；

（2）计时1分钟后运动员无法进行比赛时，对方运动员获胜。

3）失格胜

参加比赛的运动员在资格审核中不符合比赛要求时，对方运动员获胜。

4）扣分胜

因违反第十条第3款中的扣分行为，累计2次扣分时，对方运动员获胜。

十七、比赛中断的情况处理

（1）运动员因受伤需要中断比赛时，主裁判员应采取以下处理程序：

① 主裁判员根据情况，要及时发出"暂停"口令和"计时"口令；

② 允许运动员在1分钟内进行治疗；

③ 运动员在1分钟治疗后仍然没有比赛意向时，裁判员可判其弃权。

（2）如果发生除以上受伤处理程序以外的、合理的、需要中断比赛的情况，主裁判员要及时发出"暂停"的口令中断比赛，计时1分钟后，继续比赛则发出"继续"口令；1分钟后运动员没有比赛的意向时，裁判员可判其弃权。

十八、裁判员

1. 资格

（1）经中国跆拳道协会登记注册，持有中国跆拳道协会大众跆拳道裁判员资格证书者；

（2）大众跆拳道裁判等级的评定及管理办法由中国跆拳道协会另行规定。

2. 场上裁判员的分类及任务

1）主裁判员

（1）参与场上运动员的评分；

（2）出现第十五条的第 3 款规定的其他扣分事项时，由主裁判员负责宣布，其他裁判员根据主裁判员的宣布内容进行扣罚；

（3）运动员进场和退场时，执行员根据主裁判员的示意执行相应的口令。

2）裁判员

（1）及时对场上的比赛进行判分；

（2）根据主裁判员的口令，对扣分事项及相应内容进行判罚；

（3）在主裁判员寻求意见时要如实回答自己的看法。

3. 裁判员的裁决

裁判员的裁决不容许更改并要对仲裁委员会负责。

4. 裁判员的服装

（1）裁判员应该穿着本协会指定的裁判员服；

（2）裁判员不得佩戴或者携带任何影响比赛的物品。

5. 更换裁判员

当比赛中裁判员出现明显的错误，如偏裁、无法接受的失误等行为时，竞赛监督员可及时向技术代表或竞赛管理委员会提出更换裁判员的要求。

6. 裁判员组成及分配

1）裁判员组成

（1）7 裁制：主裁判员 1 名，裁判员 6 名；

（2）5 裁制：主裁判员 1 名，裁判员 4 名。

2）裁判员分配

（1）场上裁判员的数量根据比赛具体情况由组委会技术委员会在赛前决定。

（2）场上裁判员及主裁判员由裁判长确定。

（3）裁判长应当按照回避制度的要求安排上场裁判员。

（4）裁判员应当主动执行回避制度。

十九、记录员

记录员负责记录比赛计时、登记分数、统计成绩和计时公布成绩等工作。

二十、其他

出现本规则未明文规定的情况，按照以下办法解决：

（1）与比赛有关的，将该场比赛临场裁判员的一致意见报组委会后，由竞赛组委员会妥善处理；

（2）与比赛无关的，由组委会办公室根据实际情况妥善处理；

（3）组委会在会场合适位置安排录像设备，记录比赛过程备查。

二十一、仲裁及处罚

按照中国跆拳道协会颁布的《跆拳道竞赛仲裁条列》和《跆拳道记录处罚条例》执行。

二十二、品势裁判员判分标准

1. 基本姿势

1）准备姿势

（1）规定动作：手掌伸直，从丹田开始慢慢向上握拳到胸口，然后向下旋转到丹田，动作完成后，拳和拳的距离是一立拳，拳和道带的距离是一拳。腕关节伸直。

（2）扣分事项：握拳后向上做动作或从胸口开始，动作进行或完成后肘关节向上翘起，动作完成后拳和拳的距离不标准，腕关节弯曲。

2）还原姿势

（1）规定动作：手掌伸直，从丹田开始慢慢向上握拳到胸口，然后向下旋转到丹田，动作完成后，拳和拳的距离是一立拳，拳和道带距离是一拳，腕关节伸直，还原旋转时利用前脚掌旋转。

（2）扣分事项：握拳后向上做动作或从胸口开始，动作进行或完成后肘关节向上翘起，动作完成后拳和拳的距离不标准，腕关节弯曲，还原旋转时利用脚后跟或整个脚掌旋转。

2. 站姿

1）并步

（1）规定动作：前脚尖向正前方，双脚并拢，双腿膝关节伸直。

（2）扣分事项：前脚尖向左或向右，双脚没有并拢，膝关节弯曲。

2）并排步

（1）规定动作：脚内侧平行，前脚尖向正前方，双脚内侧间隔宽度为一脚长，双腿膝关节伸直。

（2）扣分事项：前脚尖向左或向右时，双脚内侧过宽或过窄时，膝关节弯曲。

3）左、右站姿

（1）规定动作：左脚或右脚向外侧旋转90°，双脚跟间隔为一脚长，双腿膝关节伸直。

（2）扣分事项：双脚内侧不形成90°，双脚内侧间隔过多或过少，双腿膝关节弯曲。

4）走步

（1）规定动作：自然走步停顿时的动作，双脚内侧间隔为一脚长，前脚尖向正前方，后脚尖向正前方形成30°。

（2）扣分事项：前脚尖向左或向右，双脚内侧过宽或过窄，后脚尖角度大于30°。

5）马步

（1）规定动作：脚内侧平行，前脚尖指向正前方，双脚内侧间隔为两脚长，双腿膝关节弯曲，低头向下看时形成一条直线。

（2）扣分事项：前脚尖向左或向右，双腿内侧过宽或过窄，动作完成后身体的重心向前或向后倾斜。

6）弓步

（1）规定动作：双脚间隔距离为四脚半，两脚掌内侧间的平行间隔为一拳，前脚尖向正前方，后脚尖向下前方自然形成30°，低头向下看时前腿膝关节与前脚尖形成一条直线，身体中心 2/3 放在前腿，后腿膝关节伸直。

（2）扣分事项：步法过宽或过窄，前后脚左右交叉，后腿膝关节弯曲或脚后跟翘起，身体重心过多向前或向后。

7）三七步

（1）规定动作：双脚内侧和膝关节形成90°，前后脚距离为三脚，身体重心约70%在后腿约30%在前腿，动作完成后前腿的小腿与大腿的角度为100°～110°。

（2）扣分事项：前后脚的角度或宽度过大或过小时身体的重心过于向前或向后倾斜，后腿弯曲的角度过宽或过窄，后脚尖角度过大，臀部过于向后翘起。

9）前、后交叉步

（1）规定动作：双脚间隔距离为一拳距离，交叉时利用支撑腿的前脚掌旋转交叉，身体重心的90%～100%放在交叉腿上，动作完成后双腿的膝关节分开，支撑脚的脚后跟向上翘起。

（2）扣分事项：双脚的距离过宽或过窄，交叉时支撑脚不旋转或脚后跟向下，动作完成后双脚膝关节并拢。

10）鹤立步

（1）规定动作：支撑脚的前脚尖或膝关节向正前方，支撑腿弯曲，大腿和小腿的角度为100°～110°，提腿的膝关节向正前方，脚内侧紧贴支撑腿的膝关节。

（2）扣分事项：支撑腿膝关节或前脚尖向外或向内，大腿和小腿的角度过宽或过窄，提膝的脚内侧不紧贴支撑腿膝关节内测，提膝的膝关节向外或向内。

11）前虎步

（1）规定动作：双脚膝关节向正前方，身体重心的90%～100%放在前腿，后腿轻轻点地，脚后跟翘起，后脚的脚前掌放在前脚内侧的中心点之后，脚尖向正前方。

（2）扣分事项：双脚间隔距离过宽或过窄，身体的重心放在后腿，双脚尖向左右。

12）辅助鹤立步

（1）规定动作：双脚间隔距离为一拳，交叉时利用支撑腿的前脚掌旋转交叉，身体重心的90%～100%放在交叉腿上，动作完成后双腿的膝关节分开，支撑脚的脚后跟向上翘起。

（2）扣分事项：双脚间隔距离过宽或过窄，交叉时支撑脚不旋转或脚后跟向下，动作完成后双腿膝关节并拢。

3. 格挡

1）下格挡

（1）起始动作：辅助手自然伸直至胸腹间位置，拳心向下，格挡手臂放松弯曲放在辅助手臂一侧的肩部，拳心向脸部，双臂的腕关节伸直。

（2）规定动作：动作完成后，格挡的手臂与大腿相距双立拳或一立拳，格挡手臂在大腿的正前方，拳心向大腿，腕关节伸直；辅助手臂放松夹紧，肘关节向后，肩与正前方自然形成 30°，动作完成后格挡的手臂在大腿的正前方，格挡与步法同时结束。

（3）扣分事项：格挡手臂的起点没有从肩部开始或拳心向下，格挡时手臂没有伸直或手臂过高，动作完成后格挡的手臂在大腿的左侧或右侧。

2）双手下格挡

（1）起始动作：从髋关节开始，双拳心向上，左臂在上，右臂在下，开始交叉，双臂肘关节放松弯曲。

（2）规定动作：动作完成后形成"×"形，双手拳心向左右，大腿与左手刀距离为两立拳或一立拳距离，肘关节轻微弯曲，腕关节伸直。

（3）扣分事项：格挡手臂起点动作从丹田开始，动作完成后向左或向右，过宽或过窄。

3）内格挡

（1）起始动作：拳握紧，拳心向外，肘关节放松下垂，其高度的范围是肩部或耳根。

（2）规定动作：格挡的拳到人体的中心线，格挡动作完成后拳与肩部同高，格挡动作完成后手臂的角度为 90%～120%，辅助拳放在髋关节处，肘关节向后夹紧。

（3）扣分事项：格挡时拳没有到人体的重心线，格挡的高度比肩部高或低，格挡手臂的腕部没有伸直。

4）中外格挡

（1）起始动作：从髋关节开始然后肩部，辅助手臂掌心向下成 120°，格挡是手臂从髋关节开始时掌心向上，格挡是手臂经过肩部时掌心向内。

（2）规定动作：格挡手臂的外侧线不能超出肩部的外侧，格挡手臂的角度为 90°～120°，辅助手放在髋关节处，手臂向后夹紧。

（3）扣分事项：格挡的手臂与肩部外侧向内或向外，格挡高度不准确。

5）上格挡

（1）起始动作：右上格挡时，右臂在左髋关节外，拳心向上，辅助手臂弯曲放在右肩部，拳心向外。

（2）规定动作：格挡手臂的腕部到人体中心线，格挡手臂与前额相隔一拳，格挡手臂与前额高度相隔一拳，肘关节轻微弯曲，腕关节伸直。

（3）扣分事项：格挡手臂起点动作从丹田或以上位置开始，格挡完成后格挡的手臂形成 45°。

6）双手刀中格挡

（1）起始动作：左侧手刀格挡时左手放在髋关节处且掌心向上，辅助的手臂展开成 120°，手尖与肩部同高，掌心向外，腕部伸直。

（2）规定动作：动作完成后，格挡手臂的掌心向外，腕部伸直，格挡手臂的角度成 90°～120°，格挡的手臂与肩部同高，格挡的手刀经过右肩部，辅助手臂的掌心向上且与胸口同高，掌心与胸口间隔是一立掌。

（3）扣分事项：手刀直接从髋关节格挡，手刀起始动作比肩部高或低，手刀的手尖比肩部高或低，双臂肘关节向外翘起。

7) 单手刀中位格挡

(1) 起始动作：左侧手刀格挡时，左手放在中髋关节处，掌心向上；辅助的手臂弯曲，握拳放在左肩部，拳心向外。

(2) 规定动作：格挡手臂的拳心向下，腕部伸直，手尖与肩部同高，格挡手臂的角度成90°～120°；辅助手自然收回抱拳于腰。

(3) 扣分事项：格挡的手臂肘关节向外翘起，格挡的手臂腕关节弯曲，格挡的手刀比肩部高或低。

8) 山型格挡

(1) 起始动作：左臂从髋关节处开始，拳心向下，右拳心向外与耳部同高，肘关节放松下垂。

(2) 规定动作：格挡时交叉格挡要经过面部，动作完成后双臂与身体的角度约为90°，腕部与耳部同高。

(3) 扣分事项：格挡的高度与角度不准确，格挡时不经过面部而直接格挡。

9) 分势山型格挡

(1) 起始动作：双拳心向下，双脚开始交叉，双拳经过面部时交叉格挡。

(2) 规定动作：格挡时交叉格挡要经过面部，动作完成后双臂与身体的角度约为90°，腕部与耳部同高。

(3) 扣分事项：格挡的高度与角度不准确，格挡不经过面部而直接格挡。

10) 手刀交叉下格挡

(1) 起始动作：双掌放在右髋关节处，左手在上、右手在下，双掌心向上。

(2) 规定动作：手刀交叉时下格挡动作完成后双臂交叉成"×"形，大腿与手刀相距一立拳，肘关节轻微弯曲、腕关节伸直，动作完成后双掌的掌心向两侧。

(3) 扣分事项：手刀与大腿的距离过宽或过窄，格挡完成后双掌不向外侧，格挡完成后不形成"×"形。

4. 击

1) 正拳击

(1) 规定动作：以攻击方法分类有直拳攻击、反拳攻击、立拳攻击，以攻击目标分类有上（人中部位置）、中（胸口剑突）、下（下腹部）段攻击，以方向分类有侧拳、锤拳、旋转拳、钩拳。

(2) 扣分事项：腕关节弯曲，利用反作用力出拳，动作幅度过大或过小。

2) 直拳侧击

(1) 规定动作：攻击的部位是胸口，攻击的线路是从髋关节到心胸旋转攻击，动作完成后侧击的高度与胸口同高。

(2) 扣分事项：击打时肘关节翘起，动作完成后拳的高度、线路不准确，攻击的部位、高度不准确，上身向攻击方向倾斜。

3) 双仰正拳击

(1) 规定动作：双拳从双髋关节处开始，拳心向下，动作路线是向上旋转击。

(2) 扣分事项：起点是拳心向上、向下或水平击打时。

4) 平手尖刺击

(1) 规定动作：刺的部位是胸口，腕部伸直，手掌立起，身体中正，辅助的手背放在进攻手臂的肘关节处，拳心向下，攻击手与辅助手同时同步完成动作。

（2）扣分事项：动作完成后高度不准确，身体重心向前倾斜，腕部或手掌向下或向上。

5）扣平手尖刺击

（1）规定动作：刺的部位是胸口，腕部伸直，掌心向下，身体中正，辅助的手臂放在左髋关节处，拳心向上，手臂向后夹紧，肩部向进攻方向自然形成30°。

（2）扣分事项：动作完成后高度、掌心、手腕不标准，身体重心向前倾斜，肩部向进攻方向送出得过多或过少。

5．打

1）背拳前击

（1）规定动作：从髋关节开始，拳心向下，经过下颌，高度是人中，腕部要伸直，攻击手贴于身体。

（2）扣分事项：从胸口开始；高度不准确，攻击手不是贴近身体时。

2）背拳侧击

（1）规定动作：从肩部开始，拳心向内，攻击路线是直线攻击。

（2）扣分事项：从胸口开始，肘关节向上翘起。

3）下锤拳

（1）规定动作：从髋关节开始，拳心向下，攻击的拳经过前额，动作完成后拳心向两侧，动作完成后拳与耳部同高。

（2）扣分事项：从胸口开始，高度不准确，锤拳从侧面攻打。

4）双肘侧击

（1）规定动作：双拳拳心向下，手臂左右交叉，手臂与胸口同高，动作完成后肘关节与胸口同高，拳和拳间隔三拳距离。

（2）扣分事项：手臂在胸口交叉，动作完成后肘关节比胸口高或低，拳与拳间隔过宽或过窄。

5）旋肘前击

（1）规定动作：攻击手臂的拳从髋关节开始，拳心向下，辅助手臂放松伸直，攻击路线是向上斜45°，动作完成后辅助手掌心顶于攻击肘拳面，手指伸直或收回抱拳。

（2）扣分事项：起点是从胸口开始，动作完成后拳心向下或辅助的手臂不伸直，攻击的拳和辅助手臂在胸口的左右时。

6．踢

1）前踢

（1）规定动作：在标准的准备动作下，后腿的小腿放松夹紧，直线出腿，膝关节向正前方提起至胸腹间；前踢时，双拳抬起放在胸口，身体中正，支撑腿伸直，前踢的标准高度是头部；前踢腿法完成后迅速收小腿，保持膝关节高度后再迅速收腿。

（2）扣分事项：踢腿像抬腿，踢腿后不收回小腿，大腿直接落地，踢腿时不是用前脚掌。

2）横踢

（1）规定动作：在标准的准备动作下，后腿的小腿放松夹紧，直线出腿；踢腿时小腿向正前方成 45°且双拳抬起放在胸口，身体中正，支撑腿伸直，踢腿的高度为头部；横踢腿法完成后迅速收腿，回到原位。

（2）扣分事项：踢腿像抬腿，踢腿后不收回小腿而直接落地，踢腿时不是用前脚掌。

3）侧踢

（1）规定动作：在标准的准备动作情况下，后腿的小腿放松夹紧，直线出腿，身体中正，支撑腿伸直；踢腿时脚后跟、髋关节、肩部和头部在同一平面上，踢腿时双拳放在胸口，侧踢的高度是头部；侧踢腿法完成后迅速收腿到原位。

（2）扣分事项：踢腿像推踢，踢腿后不收回而直接向下落地，踢腿时踝关节伸直或仅轻微弯曲，重心不稳定。

4）转身侧踢

（1）规定动作：在标准的准备动作情况下后腿的小腿放松夹紧，支撑腿的膝关节伸直，以脚掌为轴向后旋转，踢腿后跟、髋关节、肩部、头部在一个平面上，转身侧踢腿法完成后迅速收腿到原位，踢腿时双拳放在胸口，踢腿的高度是头部，侧踢腿法完成后迅速收腿到原位。

（2）扣分事项：踢腿像推踢，踢腿后不收回，大腿直接向下落地，踢腿时踝关节伸直或轻微弯曲，重心不稳定。

5）腾空侧踢

（1）规定动作：腾空踢腿时双拳放在胸口，支撑腿弯曲。

（2）扣分事项：支撑腿伸直，臀部向后，双拳放在左右髋关节。

6）360°横踢

（1）规定动作：踢腿的高度是头部，踢腿时双拳放在胸口，支撑腿弯曲。

（2）扣分事项：踢腿的高度低于肩部，支撑腿伸直，原地旋转踢腿。

7. 太极三章至太极八章裁判员判分表

太极三章至太极八章裁判员判分表见表 5 - 7～表 5 - 13

表 5 - 7　太极三章判分标准

动作名称	站势	规 定 动 作	扣 分 事 项
两次直拳	弓步	高度与胸口同高，两次直拳同时进行，弓步的前后脚相距四脚半，左右的横向宽度是一拳	比胸口高或低，两次直拳，分开进行，弓步的距离过宽或过窄，攻击的拳伸直同前踢
单手刀颈部攻击	走步	起始动作掌与颈部同高，肘关节放松下垂，走步的距离是前后间隔一脚	开始时肘关节向外翘起，动作完成后关节弯曲，走步的距离过窄或过宽，攻击的目标不标准
单手刀中位外格挡	三七步	起始动作从髋关节开始，掌心向上，手臂经过肩部，三七步前后脚的距离为三脚长	开始动作从腕关节开始，步法的距离过宽或过窄，步法的距离左右交叉，后腿膝关节向内或脚尖向外

表 5 - 8 　 太极四章判分标准

动作名称	站势	规 定 动 作	扣 分 事 项
手刀格挡平手尖刺时	三七步弓步	手刀格挡后平手尖刺击，格挡的手向下压时同时刺击，平手尖刺击从髋关节开始	下压的动作分开进行，刺击的手从胸口开始，三七步的后腿膝关节向内或向外
燕子手刀颈部攻击	弓步	燕子手刀颈部攻击弓步要同时进行，颈部攻击的手刀高度是颈部	上格挡的手刀腕部弯曲，攻击颈部的手刀向前推或刺击
两次侧击	走步	侧踢时肩、髋关节、膝关节、后脚跟在一个平面上，高度是头部，第一个侧踢后形成走步，同时踢第二个侧踢	侧踢动作不标准，第一个侧踢后不形成走步
前踢中内格挡	三七步	前踢后支撑腿不要向后滑步，格挡和脚落地同时进行，中内格挡手臂在人体中心线	前踢时支撑腿弯曲，动作不规范或格挡的手臂不在人体中心线
背拳前击	弓步	攻击的手臂从髋关节开始，拳心向下，动作起始点从辅助的手臂内侧开始，动作完成后腕部伸直	攻击的手臂从辅助手臂外侧开始，动作完成后腕部弯曲

表 5 - 9 　 太极五章判分标准

动作名称	站势	规 定 动 作	扣 分 事 项
下锤拳	左站势右站势	下锤拳的手臂从辅助手臂内侧开始，攻击时经过头部以上，站势的标准是双腿膝关节伸直，脚内侧形成 90°，两脚间隔距离是一脚长	攻击的手臂从辅助手外侧开始攻击时，像背拳侧击，形成并步、并排步或动作不标准
单手刀外格挡、旋走前击	三七步弓步	单手刀外格挡后，攻击的肘关节路线是 45°，拳到胸口时手掌开始辅助，拳心向下，肘关节高度与下颌同高	单手刀外格挡的起点动作从双臂的腕部交叉格挡，辅助的手臂和拳的高度比胸口过高或过低，动作完成后肘关节过高或过低
侧踢后拳肘对击	弓步	侧踢时拳与大腿的宽度是一立掌、拳心向下、拳是从髋关节处开始，掌肘对击时利用腰部力量对击、动作完成后肘与胸口同高，肩部向攻击方向旋转 45°	拳与大腿的宽度不准确，出拳的起点不从腰部开始，掌肘对击动作完成后，肩部形成水平腰部不旋转
背拳前击	后交叉步	用脚刀向下跺脚，同时背拳前击，交叉步脚刀外侧与支撑脚的外侧形成 45°，脚和脚的距离是一拳	背拳前击的高度不准确或腕关节弯曲，后交叉步时支撑脚的右脚角度不准确或双脚后脚跟翘起

表 5 - 10　太极六章判分标准

动作名称	站势	规 定 动 作	扣 分 事 项
前踢—中位外格挡	弓步三七步	前踢时重心不能起伏过大，前踢后与中位外格挡要同步进行	前踢时，重心向上翘起，前踢后格挡动作分开进行
单手刀上位斜外格挡	弓步	起点动作从髋关节开始，掌心向上，手刀经过面部格挡、肘关节放松下垂，手尖与头部同高，手刀外侧与前臂的外侧线统一，动作完成后肩部内格挡的反方向形成45°	用单手格挡，肘关节翘起，动作完成后腰部没有形成规定的角度
头部横踢	弓步	横踢出腿路线是直线出腿，横踢后向前迈步的宽度为弓步的宽度，踢腿时视线向进攻方向	横踢动作完成后双脚并列，横踢后落地的脚不向前落地，而向后旋转方向落地
头部上位格挡—直拳	弓步	格挡时拳经过面部，腕部与耳部同宽，格挡和直拳动作要连续完成	格挡时不经过面部、高度不准确、单手格挡、肘关节翘起，动作分开进行
双手交叉分手下格挡	并排步	格挡的时间是5～6秒，格挡时左臂在外侧、双拳拳心向上	动作过快或过慢，交叉的方向错误
单手掌中位内格挡—直拳	弓步	单手掌中位内格挡与直拳要连续进行，动作完成后掌心与胸口同高	动作完成后单手掌中位内格挡的掌心向下，掌心比胸口高或低

表 5 - 11　太极七章判分标准

动作名称	站势	规 定 动 作	扣 分 事 项
前踢—中内格挡	虎步	前踢后，脚收回的同时形成虎步，虎步与中内格挡要同步进行	支撑脚向后滑步；虎步的角度过小或大；中内格挡高度不准确
辅助背拳前击	虎步	单手掌中内格挡的高度是胸口高度；背拳前击是人中高度	高度不准确；辅助的拳形的形态为手刀
抱拳准备势	并步	左脚收回的同时形成抱拳准备势，节奏是5～6秒，从丹田开始，左手抱右拳	先做抱拳准备势，后形成并步，节奏过于缓慢，从胸口开始
剪刀格挡	弓步	剪刀格挡要连续进行，格挡手臂与肩部同宽	格挡手臂比肩部宽或窄，拳高或低
提膝攻胸口—双仰正拳	后交叉步	手掌伸直抓住对方的肩部有向下压的感觉，双仰正拳从髋关节开始，拳心向下	双拳握紧的同时向下打，双仰正拳拳心向下开始
内摆—掌肘对击	马步	使用脚内侧有横踢的感觉，高度是头部，掌肘对击的高度是胸口，视线向起点方向	踢的感觉向下，踢腿时手臂左右或上下晃动，视线不看起点

表 5 - 12　太极八章判分标准

动作名称	站势	规定动作	扣分事项
腾空两次前踢	踢腿后弓步	腾空两次前踢的第一个高度是膝关节，第二个高度是头部，向前跳跃的距离是走步的距离	向前跳跃过宽或过窄，格挡后的出拳从胸口开始
外山势格挡	弓步的宽度	外山势格挡时手臂经过面部，要准确做出下格挡和头部上位外格挡，腕关节与耳侧同高，形成弓步的宽度为一拳，两脚内测线成45°	上位外格挡时手臂不经过面部，格挡手臂高度不准确，外山势格挡动作缓慢，步法的角度不形成45°
击下颌	弓步	全身用力慢慢地击下颌，动作的节奏是5～6秒，开始动作时双拳心向下，拳从胸口的外侧开始，辅助手臂放在肩部，拳心向脸部	击下颌时重心左右晃动，动作结束后特意地区停顿，格挡后前脚不移动，击的动作特别地快或结束的瞬间发力
左脚交叉移步	交叉步	左脚从右脚的前方经过右脚的前脚掌旋转后再做出下一个动作，交叉步时双脚的间隔是一拳的距离	左脚向右移步时右脚有碎步，移动时双脚的间隔过宽或过窄
直拳后单手掌中内格挡	弓步虎步	直拳和弓步时后腿的膝关节伸直，单手掌中内格挡，起点与肩同高，动作完成后掌心在人体中心线	弓步和出拳时后腿弯曲，形成虎步的宽度过宽或过窄，格挡后掌心向下
前踢后腾空前踢	前踢后弓步	第一个前踢腿法完成后空中交替，第二个腾空迁移/原地交换	第一个腾空后踢后大腿向下落，踢第二个腾空前踢时向前跳跃

第三节　跆拳道特技与功力击破

一、特技简介

跆拳道特技是指练习者在身体腾空的状态下应用腿、脚等技术进行攻击和击破的方法。其腾空动作有直线腾空、斜线腾空、腾空旋转和腾空翻转等。

跆拳道的特技表演分单次击破表演和连续击破表演两种形式。跆拳道特技竞赛形式分为单人竞技和团体竞技两种形式。竞赛时，运动员必须在规定时间内完成所编排的特技动作。

二、特技比赛裁判员判分标准

特技比赛裁判员判分标准见表 5 - 13。

表 5 - 13 特技比赛裁判别判分标准

裁判员判分表(特技):

场地:_____ 竞技项目:_____

裁判编号:_____ 裁判姓名:_____

场次标号:_____

项 目	项目标准	分数	小计	得分
准确度	基本动作的熟练性			
	技术的难度性			
完成效果	动作与音乐的结合	1.0 0.9 0.8 0.7 0.6 0.5		
	作品的创新性与大众性	1.0 0.9 0.8 0.7 0.6 0.5		
表现度	工作的整齐、统一性	1.0 0.9 0.8 0.7 0.6 0.5		
	着装标准与整齐感	1.0 0.9 0.8 0.7 0.6 0.5		
观赏度	特技动作的合理度	1.0 0.9 0.8 0.7 0.6 0.5		
		总分		

日期:_____

三、击破介绍

跆拳道击破(又称功力)是指在原地进行掌、肘、手刀、脚的进攻动作,其中手上动作击打时双脚不能离开地面,主要动作有横踢、侧踢、后踢、后旋踢等。击破物至少达到 3 块以上的木板、大理石、方砖、瓦片等。在竞赛中,以动作规范、击破数量多者为胜方。

四、击破裁判员判分标准

击破裁判员判分标准见 5 - 14。

表 5 - 14 击破裁判员判分标准

场地:_____ 竞技项目:_____

裁判编号:_____ 裁判姓名:_____

场次标号:_____

项目	项目标准	分数	小计	得分
基本准确度	击破动作			
	发力方式			

项目	项目标准	分　数	小计	得分
击破效果	击破数量	1.0　0.9　0.8　0.7　0.6　0.5		
	击破物碎裂效果	1.0　0.9　0.8　0.7　0.6　0.5		
	动作完成前后的整体礼仪	1.0　0.9　0.8　0.7　0.6　0.5		
表现度	着装标准	1.0　0.9　0.8　0.7　0.6　0.5		
	整体形象	1.0　0.9　0.8　0.7　0.6　0.5		
	总分			

日期：＿＿＿＿＿＿＿＿＿＿

第四节　跆拳道(操)舞比赛判分标准

一、跆拳道(操)舞简介

1. 跆拳道(操)舞

与跆拳道本身相同，跆拳道(操)舞者以武道功夫与音乐旋律结合的创意，同样与能歌善舞的朝鲜民族特色有着必然的联系，这一形式一经亮相就受到广大青少年跆拳道爱好者的关注与青睐。多年以来，已有大部分的中国跆拳道练习者通过各种渠道获得了来自韩国各种跆拳道(操)舞的表演图像与视频信息，他们非常渴望自己也能融入到跆拳道(操)舞的队伍里，享受那种让人无法抗拒的时尚活力与动感激情。

2. 操和舞的区别

在韩国，跆拳道(操)舞目前分为以下两大类：

(1)一种是以较为清晰、稳定的音乐为背景，运用基本的跆拳道动作组成整套表演，练习者在稳定的旋律下展示每个动作的力度与节奏，与我们常见的健身操比较相似，所以将其称为跆拳道操。由于这类编排形式动作简单、节奏鲜明，比较容易掌握并且在练习时自我感觉较好，因此吸引了较多成年女性用以健身和娱乐。

(2)另一种则是较为适合青少年展示与表演的跆拳道舞蹈，在编排形式上着重强调对视觉的感染力和冲击力，以背景音乐较多、节奏起伏较大的现代舞蹈音乐为背景。动作编排以跆拳道动作为基本要素，同时增加了现代的舞蹈语言，不同风格与内涵的主题都力图给观众最直接的感染力。

二、跆拳道操比赛打分尺度

跆拳道操比赛打分尺度参照表 5 - 15 和表 5 - 16。

打分重点提示：

(1) 跆拳道操比赛的评分要站在舞蹈整体创作品质的高度进行评价；

(2) 重点支持有创造性、有明确健康向上主题与感染力的比赛作品；

(3) 在参赛作品中，支持能够广泛传播的、易普及的大众作品。

表 5 - 15　跆拳道打分参照表

项目	项目标准	尺度说明	备注
准确性	基本动作的连贯性 动作与音乐的配合	动作编排的合理性与美观度，跆拳道技术动作在整个作品中所占的比例有没有达到 70%，操舞动作与跆拳道技术动作的连接是否合理流畅，队员对动作的理解与演绎效果，音乐旋律与动作语言所表现的主题思想是否一致，舞蹈音乐选材与主题定位是否有积极的、健康向上的感染力	创造部分
熟悉度	音乐效果是否原创 形象精神面貌 动作的整齐、统一性	音乐效果的品质，所选择音乐的主题是否优美和健康向上，队员演绎时的精神面貌是否与编排情绪相吻合，是否认真投入，动作是否整齐，场上队员的形象如何，队员服装是否整洁统一	场上表现
表现力	跆拳道技术的难度 动作力度	跆拳道技术动作的难度比例，场上运动员在表现跆拳道技术动作时的力度与标准度，表现是否能正常体现出跆拳道操的特点	编排与表现

表 5 - 16　跆拳道裁判员判分表

场地：＿＿＿＿＿＿＿＿＿＿　　　　竞技项目：＿＿＿＿＿＿＿＿＿＿

裁判编号：＿＿＿＿＿＿＿＿＿＿　　裁判姓名：＿＿＿＿＿＿＿＿＿＿

场次标号：＿＿＿＿＿＿＿＿＿＿

项目	项目标准	分数	小计	得分
准确度	基本动作的连贯性			
	动作与音乐的配合			
熟练度	音乐效果是否原创	1.0　0.9　0.8　0.7　0.6　0.5		
	形象与精神面貌	1.0　0.9　0.8　0.7　0.6　0.5		
	动作的整齐、统一性	1.0　0.9　0.8　0.7　0.6　0.5		
表现度	跆拳道技术的难度	1.0　0.9　0.8　0.7　0.6　0.5		
	动作力度	1.0　0.9　0.8　0.7　0.6　0.5		
		总分		

日期：＿＿＿＿＿＿＿＿

参 考 文 献

[1] 李兵. 跆拳道[M]. 重庆：西南师范大学出版社，2013.

[2] 王智慧. 现代跆拳道运动教学与训练 [M]. 北京：人民体育出版社，2007.

[3] 刘卫军. 跆拳道[M]. 北京：高等教育出版社，2004.

[4] 刘宝成，鲁凡. 跆拳道[M]. 西安：西北工业大学出版社，1998.

[5] 李万友. 现代跆拳道实用教程[M]. 北京：北京理工大学出版社，2013.